Birgit Kofler, Roland Bettschart

CITY|TRIP TRIEST

Nicht verpassen!

Karte S. 3

1 Piazza dell'Unità d'Italia [D3]
Als einer der weltweit größten Plätze mit einer offenen Seite zum Meer bildet die Piazza mit den imposanten Palazzi, den einladenden Cafés und dem faszinierenden Ausblick auf den Golf und das offene Meer den repräsentativen Mittelpunkt von Triest (s. S. 18).

12 Castello di San Giusto [E4]
Eine der wichtigsten Sehenswürdigkeiten auf dem Hügel von San Giusto, der die Altstadt überragt und vom Zentrum aus gut zu Fuß erreicht werden kann, ist das Castello di San Giusto, eine imposante Wehrburg aus dem 15. Jh. Ein großartiger Blick über die Stadt ist garantiert – und eine Reihe von Museen erlauben darüber hinaus, in die facettenreiche Geschichte von Triest einzutauchen (s. S. 27).

14 Canal Grande [E2]
Die Straßenzüge, die entlang des romantischen Canal Grande von der Chiesa Sant'Antonio Nuovo zum offenen Meer hin verlaufen, laden ebenso zum Bummeln samt Shopping ein wie zum gemütlichen Verweilen in einem der unzähligen Lokale, die direkt am Wasser liegen (s. S. 30).

19 Viale XX Settembre [H2]
Der Autoverkehr ist weitgehend aus dieser 600 Meter langen Allee, die von Cafés, Bars, Eisläden und Geschäften gesäumt ist, verbannt. Besonders im Sommer ist dieser Schatten spendende Ruhepol mitten in der Stadt bei Triestinern und Besuchern populär (s. S. 33).

20 Giardino Pubblico [H2]
Ein Spaziergang durch diese grüne Oase erweist sich nicht nur als erholsam, sondern auch als informativ. Denn hier stehen zahlreiche Büsten prominenter Vertreter aus Kultur, Politik und Wirtschaft, die der Stadt verbunden waren (s. S. 34).

25 Molo Audace [D2]
Die fast 250 Meter lange Mole ist ein Ort zum Schlendern, Träumen, Ausruhen – und um den traumhaften Rundblick zu genießen (s. S. 38).

33 Faro della Vittoria (Leuchtturm) [bg]
Der 1924 für gefallene Marinesoldaten errichtete Leuchtturm prägt das Küstenprofil von Triest und bietet einen spektakulären Blick über Stadt und Meer (s. S. 45).

36 Castello di Miramare [af]
Imposant über der Bucht von Grignano thront die wie ein Märchenschloss anmutende Residenz von Maximilian von Habsburg (s. S. 49).

Leichte Orientierung mit dem cleveren Nummernsystem

Die Sehenswürdigkeiten sind im Text und im Kartenmaterial mit derselben **magentafarbenen ovalen Nummer 1** markiert. Alle anderen Lokalitäten wie Geschäfte, Restaurants usw. tragen ein **Symbol und eine fortlaufende rote Nummer (1)**. Die Liste aller Orte befindet sich auf Seite 140, die Zeichenerklärung auf Seite 143.

Triest auf einen Blick

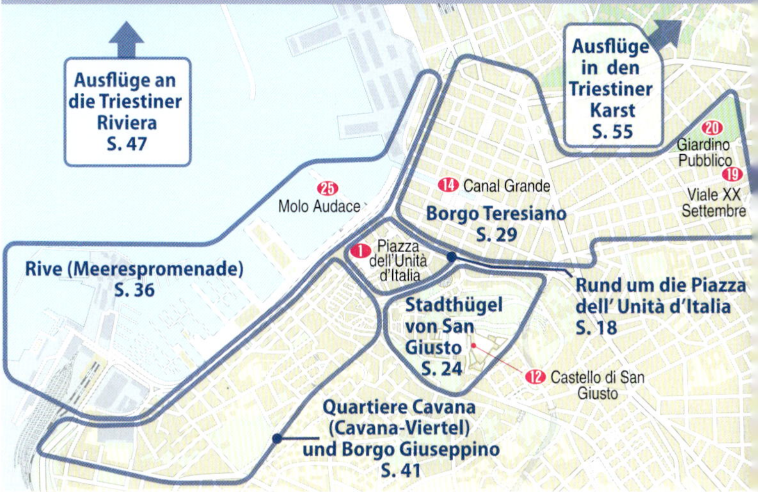

Inhalt

Wahrzeichen mit Uhrturm an der Rive: einst Fischhalle, heute Ausstellungslocation und Sitz des Meeresaquariums ㉖ (001tr-RZPR)

Zeichenerklärung

★★★ nicht verpassen
★★ besonders sehenswert
★ wichtig für speziell interessierte Besucher

[A1] Planquadrat im Kartenmaterial. Orte ohne diese Angabe liegen außerhalb unserer Karten. Ihre Lage kann aber wie die von allen Ortsmarken mithilfe der begleitenden Web-App angezeigt werden (s. S. 143).

Updates zum Buch

www.reise-know-how.de/citytrip/triest19

Vorwahlen

- **Ländervorwahl Italien:** 0039
- In Italien ist die **Ortsvorwahl**, also im Fall von Triest 040, immer mitzuwählen, auch bei Telefonaten vom Festnetz innerhalb des Stadtgebietes. Aus dem Ausland ist die führende Null der Ortsvorwahl mitzuwählen, also 0039040.

Triest ist eine Stadt mit einer großen Tradition und einer beeindruckenden Historie. Aber das bedeutet keineswegs, dass sie ein großes Museum wäre – ganz im Gegenteil. Es ist vieles in Bewegung, die Stadt boomt. Laufend entstehen neue Hotels, Restaurants und Möglichkeiten zum Ausgehen. Beispiele dafür sind die Vielzahl neuer Lokale im ehemaligen Getto, im Cavana-Viertel und entlang der Rive.

Bewegung an der Promenade

Entlang des Hafenbeckens, an den Rive, tut sich viel Neues. Auf der dem Meer abgewandten Straßenseite eröffnen laufend neue Lokale mit unterschiedlichen kulinarischen Angeboten. Direkt am Wasser ist mit dem Eataly (s. S. 86) ein international vorzeigbares Kulinarik-Projekt entstanden und mit dem PIER (s. S. 72) ein neuer Platz zum Essen und Chillen direkt am Wasser – das gab es bisher nicht (s. S. 36).

Ausgehen im Cavana-Viertel

Das Cavana-Viertel entwickelt sich zu einem der angesagtesten Ausgehvierteln in Triest. Ab dem späten Nachmittag ist hier viel los (s. S. 41).

Neuer Glanz im Alten Hafen

Nach jahrzehntelangen Diskussionen kommt Bewegung in die Sanierung des verfallenden Alten Hafens: Der Porto Vecchio soll wiederbelebt werden. Darauf haben sich die Region Friaul-Julisch Venetien, die Stadt Triest, das Hafenamt und die Regierung in Rom geeinigt. Entstehen sollen hier unter anderem ein Meeresmuseum, ein Zentrum für Biotechnologie und ein Kongresszentrum (s. S. 37).

021tr-fo©lucarts

TRIEST ENTDECKEN

Willkommen in Triest

Das Zentrum von Triest kann man sich gut und unkompliziert zu Fuß erschließen. Von den verwinkelten Gassen der Altstadt bis zum schachbrettartig angelegten Borgo Teresiano, vom Stadthügel San Giusto bis zu den Rive entlang des Hafenbeckens und dem Borgo Giuseppino – jedes Viertel hat seinen eigenen Charme, der sich am besten auf ausgiebigen **Spaziergängen** erkunden lässt.

Die Hauptstadt der Region Friaul-Julisch Venetien beeindruckt Besucher in vielerlei Hinsicht mit einer großartigen Vielfalt, auch **städtebaulich und architektonisch.** Und bei jedem Bummel durch die Straßen von Triest verdichtet sich der Eindruck, dass hier alles einfach etwas anders ist als in anderen italienischen Städten. Während man für einige der besonderen Highlights an der Küste oder auf dem Karst wie das Schloss Miramare oder die Grotta Gigante auf Auto oder öffentliche Verkehrsmittel angewiesen ist, kann man sich das Zentrum von Triest ganz hervorragend auch ohne fahrbaren Untersatz erschließen. Und wer vom vielen Spazierengehen erschöpft ist, kann ein dichtes Busnetz (s. S. 127) nutzen, innerhalb der Stadt ebenso wie in die Vororte.

Den Mittelpunkt der Stadt bildet die **Piazza dell'Unità d'Italia** 1, mit ihren imposanten Palazzi, den einladenden Cafés und Bars der optimale Ausgangspunkt, um die umliegenden Viertel zu erkunden. Und einmal unterwegs, kann man gar nicht mehr aufhören, die Besonderheiten der Stadt zu entdecken: Von den **Resten des antiken Triest**, etwa dem römischen Theater 6 am Fuße des Stadthügels von San Giusto bis zur **mittelalterlichen Altstadt** und dem ehemaligen Getto 5 mit ihren verwinkelten Gassen. Vom **Borgo Giuseppino** und der langen Uferpromenade, den **Rive**, bis zum schachbrettartig angelegten **Borgo Teresiano**, dem von der österreichischen Kaiserin Maria Theresia initiierten Stadtentwicklungsgebiet auf den trockengelegten Salinen nahe des **Canal Grande** 14, von wo aus sich Triest allmählich ins Hinterland ausgedehnt hat.

[<] Vorseite: Triest zeichnet sich durch seine einzigartige Lage zwischen Karst und Meer aus

[>] Die Piazza dell'Unità d'Italia 1 ist ein guter Ausgangspunkt für Spaziergänge durch das Zentrum

In all diesen Gegenden sind **Kultur- und Architekturinteressierte** ebenso gut aufgehoben wie Besucher, die den Aufenthalt zum **Shopping** nutzen möchten. Und auch wenn das Stadtzentrum, vor allem in der Hochsaison, von vielen Triest-Besuchern bevölkert ist, hat man nur sehr selten das Gefühl, auf touristischen „Trampelpfaden" zu wandern, die von vielen Einheimischen gemieden werden.

Wer **weniger bekannte Gegenden** von Triest in Augenschein nehmen möchte, sollte sich nicht nur über das Theresienviertel (Borgo Teresiano) hinaus zur Piazza Guglielmo Oberdan 22, zum Viale XX Settembre 19 oder zum Giardino Pubblico 20 wagen, sondern sich auch Stadtviertel wie San Giovanni – bekannt unter anderem aufgrund des früher hier in einem Park (s. S. 90) angesiedelten psychiatrischen Krankenhauses, das heute unter anderem Bars und Restaurants beherbergt – nicht entgehen lassen.

Kurztip nach Triest

1. Tag: Tour durch das theresianische Viertel

Am ersten Tag in Triest (italienisch: *Trieste,* slowenisch: *Trst)* empfiehlt es sich, im Stadtzentrum zunächst einmal das **Borgo Teresiano,** das unter der Habsburger Kaiserin Maria Theresia schachbrettartig angelegte Viertel östlich der **Piazza dell'Unità d'Italia,** zu erkunden sowie die anliegenden Teile der sogenannten Neustadt. Als Ausgangspunkt bietet sich die Piazza dell'Unità d'Italia 1, der **Hauptplatz von Triest,** an. Von hier geht es über die Piazza della Borsa 2 und die Via Roma zur **Piazza del Ponterosso** 15, zum **Canal Grande** 14 und zur **Piazza Sant'Antonio Nuovo.** Über die Via delle Torri gelangt man zur Piazza San Giovanni 18 und durch die Arkaden der Portici di Chiozza weiter zum **Viale XX Settembre** 19. Von hier aus lohnt sich noch ein Abstecher in den **Giardino Pubblico** 20 bzw. Parco Muzio de Tommassini, wie er von den Triestinern auch genannt wird. Von dort führt die Via Cesare Battisti zurück in Richtung Stadtzentrum – an der Ecke zur Via Gaetano Donizetti lädt das historische **Caffè San Marco** (s. S. 77) zu einer Pause ein. Über die Via Gaetano Donizetti an der **Synagoge** 21 auf der Piazza Virgilio Giotti vorbei, über die Via Pierluigi di Palestrina und die Via Cesare Beccaria gelangt man zur **Piazza Guglielmo Oberdan** 22. Von hier führt der Weg durch die Shoppingzone der Querstraßen zwischen Via Milano und Corso Italia 13 zurück zur Piazza dell'Unità d'Italia und von dort auf den **Molo Audace** 25. Bei richtigem Timing hat man gute Chancen, von diesem langen Kai aus neben dem einmaligen Blick auf den alten Hafen, die Promenade, den Hauptplatz und den dahinter liegenden Stadthügel auch einen spektakulären Sonnenuntergang zu erleben. Danach bietet es sich an, in einem der Lokale auf oder in der Nähe der **Piazza dell'Unità d'Italia** 1

007tr-nb

oder der **Piazza della Borsa** ❷ einen Aperitif zu genießen. Kulturinteressierte können als Abendprogramm, je nach Saison, zum Beispiel eine Operette, eine Ballettvorführung oder ein Konzert einplanen. Für das Abendessen gibt es im Umfeld der Piazza dell'Unità d'Italia eine ganze Menge interessanter Optionen.

Wer danach noch nicht zu erschöpft ist, kann sich auch noch das **Triestiner Nachtleben** erschließen. In den angesagten Vierteln rund um die Via Torino im Cavana-Viertel [C4], bei der Piazza della Borsa, der Piazza dell'Unità d'Italia und im ehemaligen Getto gibt es eine Reihe von Bars, die lange geöffnet haben, zum Beispiel die Bar Urbanis (s. S. 75) auf der Piazza della Borsa oder das Puro (s. S. 73) in der Via Torino. Angesagte Locations zum Feiern und für Livemusik sind beispielsweise der Colonial Super Club bei der Piazza delle Borsa oder das Al Mandracchio (s. S. 80) auf bzw. ganz in der Nähe der Piazza dell'Unità d'Italia.

2. Tag: Ausflug in den Karst und an die Küste

Eine der attraktiven Besonderheiten von Triest ist die einzigartige Lage zwischen dem Hinterland im Karst und dem Meer – ein landschaftlicher Gegensatz, den man auch bei einem kurzen Aufenthalt in der Stadt unbedingt erkunden sollte.

Wer mit dem eigenen Auto unterwegs ist, nimmt vom Stadtzentrum aus die kurvenreiche Straße SS14, vorbei an der imposanten Universität, und weiter die SR 58 hinauf in den Karstvorort **Opicina** ㊵. Kurz vor der Ortseinfahrt befindet sich links der **Obelisk** ㊶, errichtet 1830 von den österreichischen Herrschern zur Erinnerung an den Straßenbau von Wien an die adriatische Küste, der Triest „näher" an die Hauptstadt brachte. Ein Stopp hier lohnt, denn es eröffnet sich ein wunderbarer Blick auf die Stadt. Bei einem kleinen Bummel durch das überschaubare Zentrum von Opicina sollte man

008tr-RZPR

die legendäre Konditorei Pasticceria Saint Honorè (s. S. 79) nicht auslassen. Von hier führt die **Weinstraße** „Strada del Vino Terrano" durch malerisch gelegene Karstortschaften wie Prosecco, Santa Croce, Rupinpiccolo und Monrupino 45 mit seiner beeindruckenden, auf einem steilen Felsen gebauten Bergkirche, die ein beliebter Wallfahrtsort ist. Typische Buschenschenken oder **Osmize** (s. S. 69) laden auf dem Weg zum Einkehren ein. Wer lieber direkt am Meer Mittagessen will, fährt über Aurisina und Sistiana weiter nach **Duino** 39 zum kleinen Hafen, in dem zwei schöne Restaurants mit Blick aufs Meer – das legendäre Dama Bianca (s. S. 54) und das Al Cavalluccio (s. S. 54) – Typisches aus Meer und Karst servieren. So gestärkt geht es nach einem Abstecher zum **Schloss Duino** weiter zum wohl meistbesuchten Wahrzeichen Triests – dem **Schloss Miramare** 36. Das Schloss selbst mit seinem Museum ist ebenso einen Besuch wert wie der weitläufige Park 37. Am Fuß des Schlossparks in nördlicher Richtung, mit einem eigenen Eingang, liegt die **Bucht von Grignano** mit ihrer kleinen Marina. Hier kann man direkt am Meer den Tag auch kulinarisch ausklingen lassen, zum Beispiel im **Principe di Metternich** (s. S. 73) oder bei einem Abendessen in der **Tavernetta al Molo** (s. S. 73).

Von der **Piazza Guglielmo Oberdan** 22 führt die historische Straßenbahnlinie der **Tram di Opicina** (s. S. 36) hinauf auf den Karst nach **Opicina** 40. Seit einem Unfall 2017 ist die Linie allerdings nicht mehr in Betrieb, ihre Zukunft ist ungewiss und ein Triestiner Politikum.

Weniger romantische Alternativen, die diese Strecke bedienen, sind die Stadtbusse 2, 4 oder 42. Wer gut zu Fuß ist, kann vom **Obelisk** 41 auf dem Wanderweg **Napoleonica** etwa fünf Kilometer bei hinreißendem Blick auf den Golf in das Karstdorf Prosecco spazieren und von dort mit dem Bus 44 nach **Duino** 39 fahren. Wenn man nicht wandern möchte, kann man von Opicina aus nach Sistiana Mare und Duino die Buslinie 39B nehmen. Von Duino oder Sistiana in die Bucht von Grignano und zum **Schloss Miramare** 36 kommt man am besten mit dem Bus E51. Von Anfang Juni bis Anfang September ist das Linienschiff der Linie Delfino Verde (s. S. 48) von Sistiana nach Grignano eine schöne Alternative. Von Grignano ins Stadtzentrum von Triest fährt der Bus 6 bis ca. 23.30 Uhr. Da die Fahrpläne und zum Teil sogar die Routen der öffentlichen Verkehrsmittel nach Jahreszeiten variieren, sollte man sich unter www.triestetrasporti.it und www.aptgorizia.it aktuell über Abfahrtszeiten und -intervalle informieren.

3. Tag: Erkundung von Altstadt und Meerespromenade

Der dritte Tag ist wieder der Erkundung des Stadtzentrums gewidmet – diesmal der Altstadt, dem historischen Stadthügel San Giusto, dem Borgo Giuseppino und den Rive, wie die Hafenpromenade genannt wird. Die **Altstadt (Città Vecchia)** bildet der mittelalterliche Stadtkern, der sich unterhalb des Kastells San Giusto bis zum Cavana-Viertel erstreckt.

Der Molo Audace 25 ist nicht nur bei Sonnenuntergang ein perfekter Ort zum Träumen und Entspannen

Ausgangspunkt ist wieder die **Piazza dell'Unità d'Italia** 1, durch den Durchgang Punta del Forno beim Rathaus führt der Weg durch das ehemalige jüdische **Getto** 5 zu den Überresten des **Teatro Romano** 6, des römischen Theaters.

Von hier kann man sich über verschiedene Wege nach San Giusto aufmachen: Etwa über die Treppen links vom Teatro Romano und dann weiter über die Via di Donota und die Via del Seminario hinauf zum Stadthügel. Oder aber am **Arco di Riccardo** 9 vorbei über die Via della Cattedrale. **San Giusto** hat neben einem großartigen Blick über die Stadt und die Bucht mehrere Sehenswürdigkeiten aus verschiedenen Epochen der Stadt zu bieten: die gleichnamige **Kathedrale** 10, das **Kastell** 12 und eine Reihe von Museen, das **Foro Romano** 11 mit den **Überresten eines antiken Tempels** oder das monumentale **Kriegerdenkmal** für die Gefallenen des Ersten Weltkriegs.

Das gibt es nur in Triest

- ***Strada Costiera:*** *Die SS14, wie sie im italienischen Straßenverzeichnis heißt, wurde 1928 eröffnet und gilt als eine der schönsten Küstenstraßen der Welt. Sie verläuft entlang der Steilküste vom Seebad Sistiana bis ins Zentrum von Triest und bietet einen sensationellen Panoramablick. Den genießt man am besten von den speziell dafür eingerichteten Aussichtspunkten („Belvedere“), an denen man parken kann (s. S. 54).*
- ***Topolini:*** *Zwischen Mai und September gehört das Baden zu den wichtigsten Freizeitbeschäftigungen der Triestiner. Und das tun sie nicht nur in den zahlreichen kostenpflichtigen Badeanstalten inner- und außerhalb der Stadt, sondern der gesamte schmale Streifen zwischen Küstenstraße und Meer von Miramare bis Triest wird zu einem einzigen öffentlichen Strand (siehe auch Exkurs „Die Triestiner und ihre Bäder“, S. 40). Besonders populär: Die Topolini in Barcola, halbkreisförmige Betonterrassen, mit öffentlichen Umkleidekabinen und Duschen ausgestattet. Topolino heißt Micky Maus auf Italienisch und die Terrassen haben die Form seiner Ohren.*
- ***Buffets:*** *Wie vieles in Triest sind diese kleinen Lokale ganz und gar unitalienisch. Die typischen Buffets wie das Siora Rosa (s. S. 69) oder Da Pepi (s. S. 69) entstanden ursprünglich in Hafennähe – zur Verköstigung der Hafenarbeiter. Auch wenn sie inzwischen von einer ganz bunt gemischten Klientel frequentiert werden, sind die Gerichte immer noch vorzugsweise deftig. Zu den Klassikern gehören Schinken, Suppenfleisch und Würste mit Kraut und Meerrettich. Einige haben ein erweitertes Repertoire mit auch fleischlosen typischen lokalen Gerichten wie z. B. Kartoffelknödeln (s. S. 68).*
- ***Stadt der Dichter:*** *Literatur ist in Triest allgegenwärtig – schließlich hat Triest nicht nur viele berühmte Autoren (s. S. 43) hervorgebracht, sondern war auch anderen*

Von San Giusto geht es über die Via San Giusto und die Via San Michele durch ein ruhiges Wohngebiet in das **Cavana-Viertel** der Altstadt, in dem Buffets, Pizzerie, Trattorie und Ristoranti zur Pause einladen: zum Beispiel das Buffet da Siora Rosa (s. S. 69) und die Trattoria Ai Fiori (s. S. 73), beide auf der Piazza Attilio Hortis, oder das Puro (s. S. 73), einer der vielen Hangouts auf der beliebten Ausgehmeile Via Torino. Von der **Piazza Venezia** 29 geht es weiter auf der Stadtseite der Uferstraße, auf der Riva Grumula, vorbei an der von einer Tankstelle zum Kulturzentrum umfunktionierten Stazione Rogers (s. S. 81) zur Stazione **Campo Marzio** 28. Auf dem **Molo Fratelli Bandiera** 27 kommt man an der traditionsreichen Badeanstalt El Pedocin (s. S. 41) vorbei, in der heute noch Frauen und Männer durch eine Mauer getrennt baden.

Am Ende der Mole steht der alte **Leuchtturm La Lanterna.** Entlang des

vorübergehender Wohnsitz. Einigen der großen Autoren kann man auf Stadtspaziergängen begegnen, in Lebensgröße verewigt in Bronze vom Bildhauer Nino Spagnoli: Italo Svevo („der Schwabe") auf der Piazza Attilio Hortis 30*, James Joyce auf dem Ponte Rosso* 15 *und Umberto Saba in der Via Dante Alighieri [E/F3]. In Buchhandlungen und bei der Tourismusinformation (s. S. 115) sind gedruckte Karten mit speziellen Spazierwegen auf den Spuren einiger Dichter erhältlich und im Internet gibt es auf Deutsch Anleitungen für solche Touren (s. S. 123).*

- ***„Osmize" (italienisch) oder „osmice" (slowenisch):*** *Nicht zufällig erinnern die urigen kleinen Lokale im Karst an die Wiener Heurigentradition. Wie dort wurde auch den Bauern auf dem Karst von Kaiserin Maria Theresia das Privileg verliehen, eine bestimmte Zeit im Jahr ihren Wein und ihre landwirtschaftlichen Produkte zu verkaufen. In den Buschenschenken, die heute etwa 30 Tage im Jahr geöffnet haben, kann man lokale Weine wie Terrano oder Vitovska, Schinken, Käse, hausgemachte Würste oder typische Süßspeisen verkosten (s. S. 69). Die Osmize, die gerade geöffnet („ausgesteckt") haben, erkennt man am ausgesteckten Efeuzweig. Es gibt jährlich neu gedruckte Verzeichnisse, die über Öffnungstage informieren, und einen tagesaktuellen Online-Führer (www.osmize.com).*
- ***Piazza dell'Unità d'Italia*** 1*: Der Platz im Herzen von Triest ist auf einer Seite zum Meer hin offen und an den drei anderen Seiten gesäumt von historischen Palazzi. Er zählt zu den schönsten Plätzen Europas.*
- ***Grotta Gigante*** 42*: Die Tropfsteinhöhle gehört zu den größten für Besucher erschlossenen Schauhöhlen der Welt. Geführte Besichtigungen werden angeboten, angesichts der insgesamt 1000 Stufen und Hunderten Höhenmetern, die zu bewältigen sind, sollte man gut zu Fuß und einigermaßen schwindelfrei sein. Im Sommer werden in der Grotte auch Konzerte veranstaltet.*

Hafenbeckens geht es weiter vorbei an kleineren Jachthäfen zur ehemaligen **Fischhalle,** die heute wechselnde Ausstellungen zeitgenössischer Kunst beherbergt (Ex-Pescheria – Salone degli Incanti 26). Gleich daneben befindet sich das **Eataly** (s.S. 86), ein riesiger Feinkostladen mit mehreren Lokalen und Bars.

Am Kongresszentrum vorbei gelangt man zum der Piazza dell'Unità d'Italia direkt gegenüber gelegenen Kai **Molo Audace** 25. Im quirligen Viertel rund um die Piazza und die Via di Cavana kann man den Tag bei Drinks, Pizze oder einem gepflegten Abendessen gut ausklingen lassen. Ein Tipp für einen schicken Aperitif ist die Bar **Harry's Piccolo** im Grand Hotel Duchi d'Aosta (s.S. 124).

080tr-istockphoto©Danin Tulic

Stadtspaziergang

Die schönsten Seiten von Triest lassen sich gut bei einem Spaziergang durch die Stadt erschließen. Der hier beschriebene Spaziergang, für den man gut drei bis knapp dreieinhalb Stunden benötigt, führt durch das eindrucksvolle Borgo Teresiano über die verwinkelten Gassen der Altstadt auf den Stadthügel San Giusto und an die Uferpromenade und vermittelt einen guten Eindruck der Vielfalt der Stadt. Wem das zu lange ist, der widmet am besten dem Stadthügel San Giusto einen eigenen Ausflug oder kehrt von der Piazza Attilio Hortis zum Molo Audace zurück und besichtigt das Hafenbecken ein andermal.

Als Ausgangspunkt für Spaziergänge durch die verschiedenen Viertel von Triest bietet sich die **Piazza dell'Unità d'Italia** 1 an. Umrahmt von imposanten, großteils neoklassizistischen Palazzi bildet die Piazza Grande, wie sie von vielen Triestinern noch heute in Erinnerung an das Habsburgische Triest genannt wird, den repräsentativen Mittelpunkt der Stadt. Bei Bedarf erhält man in der an der Ecke zur Via dell'Orologio angesiedelten **Touristeninformation** (s.S. 115) nützliche Informationen. Um den Blick auf den belebten Platz und hinaus aufs Meer zu genießen, bietet es sich an, sich auf der Terrasse des historischen **Caffè degli Specchi** (s.S. 76) oder des Grand Hotel Duchi d'Aosta (s.S. 124) für den bevorstehenden Rundgang zu stärken: Etwa mit dem für Triest typi-

Der Canal Grande 14 führt vom Meer bis ins Herz des Borgo Teresiano

Routenverlauf im Stadtplan
Der hier beschriebene Spaziergang ist mit einer farbigen Linie im Stadtplan eingezeichnet.

schen *capo in bi,* einem im Glas servierten Espresso mit Milchschaum.

Zwischen dem Caffè degli Specchi und dem Sitz der Regionalregierung führt ein kleiner Durchgang auf die Fußgängerzone rund um die **Piazza Giuseppe Verdi** ❸, auf der sich das gleichnamige Triestiner Opernhaus, das Teatro Verdi (s. S. 82), befindet. Von hier geht es rechts weiter zur **Piazza della Borsa** ❷, von der der **Corso Italia** ⓭, eine der Triestiner Haupteinkaufsstraßen, abgeht. Die Querstraßen des Corso führen mitten ins Herz des **Borgo Teresiano,** zum **Canal Grande** ⓮. Das gesamte Viertel ist vor allem als Shoppingmeile bekannt. Das schachbrettartig angelegte Viertel zwischen Piazza dell'Unità d'Italia, Piazza della Libertà beim Hauptbahnhof und Via Giosuè Carducci wurde von Kaiserin Maria Theresia von Österreich Mitte des 18. Jahrhunderts auf trockengelegten Salinen als Stadterweiterungsgebiet angelegt. Der Canal Grande führt rechtwinklig vom Meer ins Stadtzentrum und ist auf beiden Seiten von Cafés, Bars und Restaurants gesäumt.

Über die **Via Roma** gelangt man vom Beginn des Corso Italia etwa zur Mitte des Kanals, wo der **Ponte Rosso** ⓯, die „Rote Brücke", die beiden Ufer verbindet. Auf der nebenan gelegenen **Piazza del Ponterosso** befindet sich ein bezaubernder Barockbrunnen. Am Kanal entlang führt die **Via Vincenzo Bellini** zur **Piazza Sant'Antonio Taumaturgo,** auf der gleich zwei beeindruckende Sakralbauten zu bewundern sind: auf der rechten Seite die serbisch-orthodoxe **Chiesa Santissima Trinità e San Spiridione** ⓰ und an der Frontseite des Platzes die klassizistische katholische **Chiesa Sant'Antonio Nuovo** ⓱. Im weniger attraktiven Teil des Borgo Teresiano nördlich des Kanals ist ein regelrechtes **chinesisches Viertel** (Chinatown, s. S. 88) entstanden, das allerdings weniger durch asiatische Gastronomie als durch vorwiegend von chinesischen Migranten geführte Billigläden geprägt ist. In den Straßen südlich des Kanals, zu einem großen Teil Fußgängerzone, gibt es zahlreiche Geschäfte – von Boutiquen mit mehr oder weniger günstiger Mode bis hin zu Läden mit Haushaltswaren. Wer hier zwischendurch eine Shoppingpause einlegen und einen Kaffee trinken oder etwas essen möchte, ist auf dem Corso Italia ⓭ und seinen Parallelstraßen, besonders der **Via San Nicolò** und der **Via Giuseppe Mazzini,** ebenso gut aufgehoben wie in der Via San Spiridone oder der Via Dante Alighieri.

009tr-bk

Die Altstadtfassaden bieten beim genauen Hinsehen kuriose Details

Die hier vorgeschlagene Erkundungstour führt weiter über die **Via delle Torri** an der Rückseite der Chiesa Sant'Antonio Nuovo hin zur **Piazza San Giovanni** 18, wo sich die legendäre **Gran Malabar** (s. S. 75) für eine kleine Pause anbietet. Oder aber man geht gleich weiter durch die Arkaden der Portici di Chiozza auf den **Viale XX Settembre** 19, eine von Café-Bars, Eisläden und Geschäften gesäumte Allee, aus der der Autoverkehr weitgehend verbannt ist. Auf der Höhe des Teatro Il Rossetti, eines Ende des 19. Jahrhunderts errichteten Theaters, führen links mehrere kleine Seitenstraßen, zum Beipsiel die Via Irineo della Croce, zum **Giardino Pubblico** 20, auch als Parco Muzio di Tommasini bekannt. Diese zentral gelegene große Grünfläche bietet Schatten und Ruhe für eine erholsame Pause. Und dazu können sich Interessierte hier in Triestiner Geschichte weiterbilden, denn im gesamten Park stehen zahlreiche Büsten von prominenten Triestinern, die in Kultur, Politik oder Wirtschaft eine wichtige Rolle gespielt haben.

Nimmt man den Parkausgang an der **Via Cesare Battisti**, findet man sich auf einer der stark befahrenen Straßen der Stadt wieder. Hier bietet sich das seit 1914 bestehende **Jugendstilcafé San Marco** (s. S. 77) für eine kurze Pause vor den nächsten Erkundungen an, das auch heute noch als Intellektuellen-Treffpunkt gilt. Auf der Höhe des Caffè San Marco führt die Via Guido Zanetti zur **Synagoge** 21 von Triest, einem der größten jüdischen Bethäuser Europas. Die Via S. Francesco d'Assisi führt von hier weiter auf die **Via Giosué Carducci**, eine weitere Verkehrsader, in die man nach links abbiegt, um sich dann später nach rechts zu wenden in die Ponte delle Fabre, zur **Piazza Carlo Goldoni** und von dort wieder auf den unmittelbar an die Piazza Carlo Goldoni anschließenden Corso Italia zu gelangen. Kurz vor der Piazza della Borsa 2 führt vom Corso Italia die Via Torbandena mitten in das **ehemalige jüdische Getto** 5 – vielmehr dem, was davon nach der großflächigen Zerstörung zur Zeit des italienischen Faschismus noch übrig geblieben ist. Besonders bekannt sind seine engen Gassen traditionell für die hohe Dichte an Antiquitäten- und Altwarenhänd-

Enge, steile Gassen sind typisch für den Teil der Altstadt zwischen Via di Cavana und San Giusto

011tr-nb

lern und Antiquariaten. Aber auch viele neue Geschäfte mit zum Teil originellem Angebot sowie Restaurants und Bars finden sich hier. Immer mehr davon orientieren sich am Bio- und Slowfood-Boom.

Am südlichen Rand wird das Getto begrenzt durch die Via del Teatro Romano, benannt nach den hier zu besichtigenden Resten eines römischen **Theaters** 6. Auf beiden Seiten der Ruinen gibt es Möglichkeiten zum Aufstieg auf den Stadthügel **San Giusto** – zum Beispiel links vom Theater über die Piazza di Donota und die Via di Donota zur Jesuitenkirche **Santa Maria Maggiore** 7 und dem **Arco di Riccardo** 9, einem Rest der römischen Stadtmauer. Über die Via della Cattedrale gelangt man hier hinauf zum höchsten Punkt des Stadthügels San Giusto mit seinen Sehenswürdigkeiten. Auch wer nicht so gut zu Fuß ist und den teils steilen Aufstieg durch die Altstadt scheut, muss auf den Besuch des Burghügels nicht verzichten und kann den Bus Nr. 24 nehmen, der vom Hauptbahnhof über die Piazza dell'Unità d'Italia nach San Giusto fährt. Und wer im Parkhaus „San Giusto" beim römischen Theater parkt, kann den Lift des Parkhauses nutzen, um auf den Stadthügel zu gelangen (s. S. 114).

Der **Stadthügel**, der nach dem Schutzheiligen der Stadt und Märtyrer San Giusto benannt ist, bietet nicht nur einen großartigen Blick über die Stadt, sondern beherbergt gleich mehrere wichtige Wahrzeichen aus unterschiedlichen historischen Epochen: das **Kastell** 12 aus dem 15. Jahrhundert, mehrere Museen, die auf den Resten einer frühchristlichen Basilika errichtete imposante **Kathedrale** 10, das **Foro Romano** 11 mit Überresten eines römischen Tempels und ein monumentales Denkmal in Erinnerung an die Gefallenen des Ersten Weltkriegs.

Vom Stadthügel führen viele Straßen und Gassen durch die Altstadt hinunter in **Richtung Meer.** Eine gute Möglichkeit ist es, die Via San Giusto und Via San Michele entlang zu gehen, bis man in die Via dei Capitelli und damit in die lebendige Gegend um die **Via di Cavana** 31 und die **Piazza Attilio Hortis** 30 gelangt. Was noch vor wenigen Jahrzehnten ein wenig attraktives, eher heruntergekommenes altes Hafenviertel war, ist heute eine der angesagten Zonen von Triest: jung, lebendig und auch kulinarisch interessant. Wer jetzt eine Pause einlegen möchte, findet hier jede Menge Lokale. Von der **Piazza Venezia** 29, dem Herzen des **Borgo Giuseppino**, führt der Spaziergang weiter zum Meer: auf der Stadtseite der Uferstraße **Riva Grumula**, vorbei an der von einer Tankstelle zum Kulturzentrum umfunktionierten Stazione Rogers (s. S. 81) zur **Stazione Campo Marzio** 28. Auf dem **Molo Fratelli Bandiera** 27 kommt man am traditionsreichen Bad El Pedocin (s. S. 41) vorbei, in dem heute noch Frauen und Männer durch eine Mauer getrennt baden. Am Ende der Mole steht der alte **Leuchtturm La Lanterna.**

Entlang des Hafenbeckens führt der Weg weiter vorbei an kleineren Jachthäfen zur ehemaligen **Fischhalle**, die heute wechselnde Ausstellungen zeitgenössischer Kunst beherbergt (Ex-Pescheria 26). Am Kongresszentrum vorbei gelangt man zum **Molo Audace** 25, einem 250 Meter langen Kai, der einen großartigen Rundblick auf die Stadt und das Meer eröffnet, und dem gegenüber der Ausgangspunkt dieses Rundgangs liegt – die **Piazza dell'Unità d'Italia.**

082tr-bk

Rund um die Piazza dell'Unità d'Italia

1 Piazza dell'Unità d'Italia ★★★ [D3]

Die Piazza dell'Unità d'Italia ist der repräsentative Mittelpunkt von Triest – und mehr: Denn die Atmosphäre dieses 16.000 Quadratmeter großen Platzes ist nicht nur wegen seiner beeindruckenden neoklassizistischen und barocken Palazzi sehr speziell, sondern auch wegen der Tatsache, dass er europaweit einer der größten Plätze ist, die auf einer Seite zum Meer hin offen sind. Die Piazza Grande, wie viele Triestiner ihren Hauptplatz nennen, liegt am Schnittpunkt zwischen dem Alten Hafen, dem schachbrettartig angelegten Borgo Teresiano, dem Cavana-Viertel und der Altstadt und ist schon deshalb der ideale Ausgangspunkt, um das Zentrum von Triest zu erkunden.

Im Mittelalter befand sich an der Stelle des heutigen Hauptplatzes von Triest noch der **Hafen** *(Mandracchio)*, das Meer reichte deutlich weiter als heute. Damals nach einer im 19. Jahrhundert abgerissenen Kirche noch Piazza San Pietro benannt, hieß er später bis zur Angliederung Triests an Italien 1918 Piazza Grande – eine Bezeichnung, die übrigens viele Triestiner bis heute verwenden.

Anfang des 21. Jh. wurde der Platz aufwendig renoviert und das Pflaster vollständig erneuert. Aus dieser Zeit stammen auch die auffälligen blauen Leuchten, die den Platz meerseitig abschließen. Die Piazza dell'Unità d'Italia hat, wenn auch eine der wichtigsten Sehenswürdigkeiten von Triest, gar nichts Museales. Sie ist das ganze Jahr über gut besucht, von den Triestinern mindestens so sehr wie von Touristen. Dank vieler Initiativen, Konzerte und Veranstaltungen muss man schon fast Glück haben,

Palazzo del Governo (s. S. 21): Hier residierten einst die Repräsentanten des Habsburgerreichs

die Piazza Grande einmal ohne Bühne, Tribüne oder sonstige Aufbauten für Events bewundern zu können.

Das heutige Erscheinungsbild des repräsentativen Platzes im Herzen von Triest stammt zu einem Gutteil aus dem **19. Jahrhundert.** Aus dem 18. Jahrhundert erhalten sind der **Palazzo Pitteri**, der Brunnen der vier Kontinente sowie die 1728 errichtete **Säule zu Ehren von Kaiser Karl VI.**, der 1719 Triest das Privileg des Freihafens verliehen hatte und damit ganz entscheidend zum wirtschaftlichen Aufstieg der Stadt beitrug. Zu dieser Zeit begann sich auch die heutige Piazza dell'Unità d'Italia zum Zentrum zu entwickeln.

Auf der neun Meter hohen **Säule** befindet sich eine Statue des österreichischen Kaisers, der mit seiner linken Hand auf den Alten Hafen weist. Ursprünglich waren Säule und Statue aus Holz gefertigt und vergoldet worden, um schließlich 1754, aus Anlass eines geplanten Besuchs von Kaiserin Maria Theresia in Triest durch eine Skulptur aus weißem Stein ersetzt zu werden.

Der um 1750 vom Künstler Giovanni Domenico Mazzoleni errichtete Barockbrunnen **Fontana dei quattro continenti** symbolisiert mit seinen vier Statuen die damals bekannten Kontinente Europa, Asien, Afrika und Amerika. Weitere Statuen, die den Brunnen schmücken, sind eine junge Frau, eine Allegorie der Stadt Triest, die sich einem orientalischen Kaufmann zuwendet, und darüber ein Engel des Ruhmes. Jahrzehntelang stand der Brunnen übrigens nicht an seinem angestammten Platz, sondern wurde im Orto Lapidario (s. S. 28) aufbewahrt: Um Platz für eine Tribüne für den großen Auftritt von Benito Mussolini auf der Piazza dell'Unità d'Italia zu schaffen, der hier am 18. September 1938 seine radikal antisemitischen „Rassengesetze" verkündete, wurde der Brunnen kurzerhand abgebaut. Erst 1970 wurde er wieder aufgebaut, allerdings am Rand des Platzes, erst 2001 im Rahmen der letzten großen Renovierung kam er wieder an seine ursprüngliche zentrale Stelle vor dem Rathaus.

Aus den 1930er-Jahren stammen die beiden **Fahnenstangen** in Form von Hellebarden, die den Platz meerseitig begrenzen.

KURZ & KNAPP

Die Hellebarde – Symbol von Triest

Ein allgegenwärtiges Symbol von Triest ist die Hellebarde: Von den Fahnenstangen auf der Piazza dell'Unità d'Italia bis zur Blumenskulptur an der Stadteinfahrt ist sie zu entdecken. Sie ist das Stadtwappen und ziert unzählige Objekte – von Anstecknadeln für bekennungsfreudige (Wahl-)Triestiner bis zu Schals oder Geschirr. Warum die Waffe zum Symbol der Stadt wurde, hat der Legende nach mit dem heiligen Sergius zu tun. Dieser Märtyrer war als römischer Soldat in Triest stationiert und pflegte gute Kontakte zur Christengemeinde. Als er zu den Grenztruppen nach Syrien versetzt wurde, versprach er den Gläubigen, für den Fall seines Märtyrertodes ein Zeichen zu senden. Was dann auch in Form des Wunders erfolgte, dass seine Hellebarde in Triest vom Himmel fiel. Dieses „Original" der Hellebarde, das angeblich nicht rosten und nie die goldene Farbe verlieren soll, wird in der Schatzkammer der Kathedrale von San Giusto (10) aufbewahrt.

Palazzi

Die dem Meer gegenüberliegende Front der Piazza dell'Unità d'Italia ist dominiert vom imposanten **Rathaus** (Palazzo del Municipio, auch Palazzo Comunale), das zwischen 1872 und 1875 vom Architekten Giuseppe Bruni im eklektizistischen Stil errichtet wurde. Die stark strukturierte Fassade hat eng gereihte Fenster, Rundbögen und Halbsäulen. Auf dem Uhrturm des Rathauses schlagen Nachbildungen der beiden populären Bronzefiguren Michec und Jachec – die Originale sind im Kastell San Giusto ⑫ zu sehen – mit einem Hammer die Turmglocke.

An der Ecke zur Via Gianni Bartoli liegt der **Palazzo Modello**, der zwischen 1871 und 1873 von Giuseppe Bruni erbaut wurde – ein weiteres typisches Beispiel für den Historismus in Triest: Elemente aus der klassischen Antike und der italienischen Renaissance werden mit mittelalterlichen Stilen und dem Barock kombiniert.

Vom Meer aus gesehen an der linken Front befindet sich die **Casa Stratti**, die 1839 vom griechischen Kaufmann Nicolò Stratti beauftragt wurde. Die heutige Fassade des Gebäudes wurde erst später, im Jahr 1872, von den Architekten Eugenio Geiringer und Domenico Righetti im Stil des späten Triestiner Klassizismus gestaltet. Unter anderem interessant sind allegorische Darstellungen von Fortschritt und Wohlstand. Seit 1846 befindet sich das Gebäude im Besitz der Versicherungsgesellschaft Assicurazioni Generali. Im Erdgeschoss der Casa Stratti ist das traditionsreiche **Caffè degli Specchi** (s. S. 76) untergebracht, eines der ältesten Triestiner Kaffeehäuser. Von der beeindruckenden Originaleinrichtung ist zwar nicht mehr viel vorhanden, und es hat wohl bei der letzten Renovierung auch etwas an Charme eingebüßt, aber es ist immer noch ein wunderbarer Platz, um auf der Terrasse die Aussicht auf Piazza und Meer zu genießen.

083tr-bk

Der **Regierungspalast** (Palazzo del Governo) – mit Blick auf das Rathaus das an der linken Front dem Ufer am nächsten gelegene Gebäude – ist das jüngste Bauwerk auf der Piazza dell'Unità d'Italia und heute Sitz der Präfektur. Der Palast wurde zwischen 1901 und 1905 als Sitz des kaiserlichen Statthalters vom Wiener Architekten Emil Artmann errichtet und fällt besonders durch seine fast orientalisch anmutenden, goldenen und bunten Mosaike aus Glas auf. Diese waren ursprünglich mit dem Habsburger Doppeladler geschmückt, der 1918 durch die Kreuze des Hauses Savoyen ersetzt wurde.

Zu den jüngeren Bauwerken am Platz gehört der **Palazzo del Lloyd Triestino**, dem Palazzo del Governo gegenüber auf der anderen Seite des Platzes gelegen. Er wurde 1883 von Heinrich von Ferstel, dem Architekten der Votivkirche und verschiedener Ringstraßenbauten in Wien, im Stil der italienischen Renaissance entworfen. Ursprünglich als Palazzo del Lloyd Austriaco bezeichnet und im Besitz der Schifffahrtsgesellschaft Österreichischer Lloyd, wurden das Unternehmen ebenso wie das Gebäude bei der Angliederung Triests an Italien in Lloyd Triestino umbenannt. Heute ist das Gebäude Sitz der Regionalregierung von Friaul-Julisch Venetien. In der Fassade fallen allegorische Darstellungen von Wasser auf, links ist das Süßwasser symbolisiert, rechts das Meerwasser: Symbole für die Meere und Flüsse, die von den Schiffen des Lloyd befahren wurden.

◁ Das Rathaus mit seiner stark strukturierten Fassade wurde vom Architekten Bruni im eklektizistischen Stil errichtet

Der barocke **Palazzo Pitteri** ist das älteste Gebäude auf dem Hauptplatz. Er wurde gegen Ende des 18. Jahrhunderts im Auftrag des Kaufmanns Domenico Plenario vom Friulaner Architekten Ulderico Moro errichtet und fällt durch seine besonders harmonischen Dimensionen auf.

Die Ursprünge des **Grand Hotel Duchi d'Aosta** (s. S. 124) liegen weit zurück. An der Stelle des heutigen Hotels hat sich bereits in der Antike ein Hospiz befunden, das Reisenden Unterkunft und Verpflegung bot. Zwischen 1727 und 1732 wurde an dieser Stelle das Hotel Osteria Grande errichtet, das nach Erweiterungen und Restaurierungen im 19. Jahrhundert das größte Hotel der Stadt war und später in Locanda Grande umbenannt wurde. In die Zeit der Osteria Grande fällt ein berühmter Kriminalfall: Der Gelehrte Johann Joachim Winckelmann, der Begründer der wissenschaftlichen Archäologie, wurde 1768, auf der Durchreise nach Rom, im Hotel von Francesco Arcangeli ermordet. 1847 wurde das alte Gebäude abgerissen, an seiner Stelle wurde 1873 im Auftrag der Assicurazioni Generali vom Architekten Eugenio Geiringer das heutige Hotel erbaut.

2 Piazza della Borsa (Börsenplatz) ★★ [E3]

Der nahezu dreieckig angelegte Börsenplatz ist zum Corso Italia 13 hin offen. Die Alte Börse (**Palazzo della Borsa Vecchia**), heute Sitz der Triestiner Handelskammer, wurde um 1800 vom Architekten Antonio Mollari erbaut. Die Front des neoklassizistischen Gebäudes ist einem dorischen Tempel nachempfunden, mit vier großen Säulen und einem Giebel mit einer Uhr.

031tr-nb

Mit dem wirtschaftlichen Aufstieg des Hafens wurde Triest zunehmend auch zu einem bedeutenden europäischen Finanzplatz. Daher erhielt die Adriastadt auch eine Börse, an der nicht nur Wertpapiere, sondern auch Waren gehandelt wurden.

1928 wurde der Aktienhandel in den benachbarten **Palazzo Dreher** verlegt, ein Jugendstilgebäude zwischen Via Cassa di Risparmio und Via del Canal Piccolo, in dem man heute das **Museum der Triestiner Handelskammer** (s. S. 64) besichtigen kann.

Gegenüber den beiden Börsengebäuden steht die **Casa Bartoli**, ein schönes Beispiel des Triestiner Jugendstils, 1905 vom Architekten und Schüler Otto Wagners, Max Fabiani, errichtet. Als die Börse noch aktiv war, befand sich in diesem Gebäude mit seinen markanten, in Gusseisen gefassten Verglasungen im ersten Stock unter anderem das von jüdischen Börsenmaklern frequentierte koschere Restaurant Goldberger. Heute ist hier das Büro der Bewegung für ein „Freies Territorium Triest" – Trieste Libera – (s. S. 107) eingemietet.

Auf dem Platz vor der Alten Börse befindet sich auf einer Säule eine **Statue Kaiser Leopolds I.**, der wie andere Habsburger Kaiser einen wesentlichen Beitrag zum Aufschwung der Stadt geleistet hat. Einen Blick wert ist auch der 1755 errichtete, 2010 renovierte und wieder an seinen angestammten Platz verlegte Neptunbrunnen (**Fontana del Nettuno**), der jahrzehntelang auf einem Ausweichquartier auf der Piazza Venezia stand.

③ Piazza Guiseppe Verdi ★ [D3]

Die Piazza Giuseppe Verdi grenzt an die Piazza dell'Unità d'Italia ① und ist nach dem gleichnamigen Teatro Giuseppe Verdi benannt, einem Opernhaus in neoklassischem Baustil, das den Platz dominiert. Das 1798 nach einem Entwurf von Giannantonio Selva errichtete Gebäude wechselte mehrfach seinen Namen – ursprünglich Teatro Nuovo, dann Teatro Grande und schließlich Teatro Comunale – ehe es 1901 dem italienischen Komponisten Giuseppe Verdi kurz nach dessen Tod gewidmet wurde. Hier wurden einige seiner Opern uraufgeführt, unter anderem „Il Corsaro" („Der Korsar") 1848 und „Stiffelio" 1850. Das Teatro Verdi (s. S. 82) gilt bis heute als eines der bestbesuchten Opernhäuser Italiens.

4 Palazzo del Tergesteo ★ [D3]

Zwischen der Piazza Giuseppe Verdi 3 und der Piazza della Borsa 2 befindet sich der **Palazzo del Tergesteo**, um 1840 nach Plänen von Francesco Bruyn errichtet. Vor wenigen Jahren aufwendig restauriert, sind in den *gallerie* im öffentlich zugänglichen Durchgang zwischen Piazza della Borsa und Piazza Guiseppe Verdi Boutiquen, die Buchhandlung Ubik (s. S. 85) mit dem Giardino Tergestino (eine Café-Bar mit vegetarischem und veganem Angebot) und die Trattoria Caprese zu finden.

› www.palazzotergesteo.it

5 L'antico ghetto ebraico (Ehemaliges Getto) ★★ [D3]

Hinter dem Rathaus, zwischen der Piazza dell'Unità d'Italia 1 und der Via del Teatro Romano, befindet sich das ehemalige jüdische Getto – oder vielmehr das, was davon noch übrig ist. Denn 1937 wurden große Teile des alten jüdischen Viertels geschleift, um die **Casa del Fascio** zu errichten, die heutige Questura (Polizeipräsidium, s. S. 122), wobei auch das römische Theater freigelegt wurde.

In den engen, verwinkelten Gassen ist ein pulsierendes Viertel entstanden, das auch als das „Notting Hill" von Triest bezeichnet wird. Neben den traditionellen **Trödel- und Altwarengeschäften** und Antiquariaten sorgen zahlreiche Bars, **Restaurants** und Osterien und neuerdings Bioläden auch spätabends für reges Leben.

Das Getto entstand 1696 unter **Leopold I.**, der ein Viertel für die jüdischen Bewohner der Stadt errichtete, umgeben von einer hohen Mauer, mit drei bewachten Zugängen. Von Sonnenuntergang bis Sonnenaufgang durften die Bewohner das Getto nicht verlassen. Erst 1784, mit dem Toleranzpatent von Josef II., wurde es geöffnet und seine Bewohner konnten sich frei bewegen.

> KURZ & KNAPP
>
> **Verdi mit Mehrfachbedeutung**
>
> Verdi steht in der Historie Triests übrigens nicht nur für den berühmten Komponisten. Wenn zu Zeiten der Habsburger Monarchie, in der zweiten Hälfte des 19. Jahrhunderts, die italienischen Irredentisten – also die Anhänger der Idee einer Vereinigung aller italienischen Gebiete in einem Nationalstaat – auf öffentlichen Plätzen Viva Verdi skandierten, war das nicht ihrer Opernbegeisterung geschuldet. VERDI stand vielmehr als Chiffre für Vittorio Emanuele, Re d'Italia, also den italienischen König.

◁ Die ehemalige Börse ist heute der Sitz der Triestiner Handelskammer

Stadthügel von San Giusto

Der Stadthügel von San Giusto, historischer Mittelpunkt von Triest, versammelt architektonische Zeugnisse unterschiedlichster Epochen der Stadt – von den Resten der römischen Befestigung über mittelalterliche Sakralbauten bis zum ursprünglich venezianischen Kastell, das von den Habsburgern befestigt und ausgebaut wurde. Am Fuße des Hügels befinden sich die engen Gassen der Altstadt (Città Vecchia), die in den vergangenen Jahren von umfangreichen Renovierungen profitierte, sowie die Ruinen des Teatro Romano, des römischen Theaters aus dem ersten nachchristlichen Jahrhundert.

6 Teatro Romano ★★ [E3]

Das **römische Theater**, dessen Überreste entlang der Via del Teatro Romano zu sehen sind, wird von Historikern auf das 1. bis 2. Jahrhundert n.Chr. datiert und lag zur Zeit seiner Errichtung wohl außerhalb der Stadtmauer. Freigelegt wurden die Ruinen, die größte erhaltene Struktur des antiken Tergeste, Mitte der 1930er-Jahre, als während der Zeit des Faschismus große Teile des ehemaligen jüdischen Gettos abgerissen wurden.

Mit seinen rund 65 Metern Durchmesser konnte das **Theater mehrere Tausend Zuschauer fassen**, die wohl einen spektakulären Blick auf das Meer hatten: Dieses reichte damals etwa bis zur heutigen Questura (Polizeipräsidium, s.S.122), ein Gebäude im typisch faschistischen Baustil, das dem Theater gegenüberliegt. Mauerreste belegen, dass das Theater wohl überdacht war. Statuen von Göttern und berühmten Zeitgenossen dienten als Dekoration, die zum Teil erhalten und im Civico Museo di Storia ed Arte (s.S.63) zu besichtigen sind.

7 Santa Maria Maggiore ★★ [D4]

Hinter dem römischen Theater in Richtung San Giusto, in der Via del Collegio, befindet sich die **barocke Jesuitenkirche** Santa Maria Maggiore. Die Kirche stammt aus dem 17. Jahrhundert, direkt daneben befand sich das Jesuitenkloster. Der Orden hatte sich auf Einladung von Ferdinand II. hier niedergelassen und war bis zu seiner Auflösung im Jahr 1773 in Triest aktiv. Seit 1922 wird die Kirche vom Franziskanerorden betreut. Das Kloster wurde im Laufe der Zeit für verschiedene Zwecke genutzt, unter anderem als Gefängnis. Unter der Kirche befinden sich die Sotterranei dei Gesuiti, unterirdische Katakomben, die nach telefonischer Voran-

070tr-mb

Die Reste des Teatro Romano wurden freigelegt, als Mussolini das jüdische Getto schleifen ließ

033tr-nb

meldung besichtigt werden können. Neben der Jesuitenkirche steht die kleine romanische Kapelle San Giacomo, deren unverputzte Fassade die Schlichtheit des Baus in besonderem Maße unterstreicht.

› Via del Collegio 6, Tel. 040 632920, 040 281011, www.santuariosantamariamaggiore.it

8 Basilica San Silvestro ★★ [D4]

Neben der Kirche Santa Maria Maggiore, ebenfalls in der Via del Collegio, steht die kleine **romanische Basilika San Silvestro,** der älteste noch erhaltene Sakralbau der Stadt im romanischen Stil, mit einigen gotischen Elementen wie der Fassadenrosette. Der Legende nach soll die Kirche auf den Grundfesten des Wohnhauses zweier Triestiner Märtyrerinnen, der heiligen Thekla und der heiligen Eufemia, errichtet worden sein.

Der **Bau stammt aus dem 11. Jahrhundert,** auch wenn Teile davon wahrscheinlich noch älteren Ursprungs sind, wie etwa der Glockenturm, der einem Wehrturm ähnelt. Ursprünglich ein katholisches Gotteshaus im Besitz der Jesuiten, wurde die Kirche gemeinsam mit anderen katholischen Kirchen der Stadt mit einem Edikt von Kaiser Josef II. 1784 geschlossen und kurz darauf von der reformierten Helvetischen Gemeinde erworben, die sich in den 1920er-Jahren mit der ebenfalls evangelisch-reformierten Waldenser Gemeinde zusammenschloss. Beide **Glaubensgemeinschaften** nutzen die Kirche bis heute.

› Piazza San Silvestro 1, Tel. 040 632770

9 Arco di Riccardo (Richardsbogen) ★ [D4]

In der Via del Trionfo befindet sich der Arco di Riccardo, der letzte noch erhaltene Rest der römischen Stadtmauer und einer der ältesten antiken Funde der Stadt. Der Bogen dürfte eines der Tore zur römischen Stadt gewesen sein. Eine Funktion, die er auch im Mittelalter beibehielt, als er in die Wehranlagen integriert wurde. Eine Seite des Bogens wurde bei der Errichtung des angrenzenden Gebäudes, in dem sich auch ein Restaurant befindet, in dieses integriert.

Unter der Jesuitenkirche Santa Maria Maggiore befinden sich die legendären Katakomben dieses Ordens

10 Cattedrale di San Giusto (Kathedrale San Giusto) ★★★ [E4]

Auf der Anhöhe von San Giusto befindet sich eines der bekanntesten Wahrzeichen der Stadt, die Kathedrale von San Giusto.

An der Stelle des heutigen Doms existierte bereits im **5. Jahrhundert** eine **frühchristliche Basilika**, die zwischen dem 9. und 12. Jahrhundert durch zwei Parallelkirchen ersetzt wurde. Die linke war der heiligen Jungfrau Maria, die rechte dem Triestiner Schutzpatron San Giusto geweiht.

Im **14. Jahrhundert** wurden beide Basiliken mit einem Mittelschiff verbunden und so zur heutigen Kathedrale von San Giusto. Das ursprüngliche Bodenmosaik der Basilika aus dem 5. Jahrhundert ist teilweise noch erhalten. Die Sandsteinfassade der Kathedrale ist von einer gotischen Fensterrosette aus weißem Marmor geschmückt.

Eine Besonderheit ist das **Zentralportal**, für das ein römisches Grabmal aus dem 1. Jahrhundert in zwei Hälften zerlegt und eingebaut wurde. An der Fassade der Kathedrale finden sich Büsten von wichtigen Triestiner Bischöfen, darunter Silvio Piccolomini, der spätere Papst Pius II. Ungewöhnlich ist die Statue des Stadtheiligen San Giusto in einer Nische neben dem seitlichen Tor des Glockenturms. Der Kopf stammt aus der romanischen Zeit und der Körper aus dem 14. Jahrhundert. In der rechten Hand hält er die Palme der Märtyrer, in der linken eine symbolische Darstellung der Stadt Triest.

Im **Inneren** sind schöne Mosaike, Fresken aus dem 13. Jahrhundert, Gemälde und Sarkophage von Triestiner Märtyrern zu besichtigen. Der große schmiedeeiserne Leuchter im Mittelschiff wurde der Kathedrale von Maximilian von Habsburg vor seinem glücklosen Aufbruch nach Mexiko übereignet. Er hatte ihn ursprünglich für den Thronsaal des Schlosses Miramare 36 anfertigen lassen.

Links von der Apsis sichert ein schmiedeeisernes Gitter den **Schatz der Kathedrale**, der in den 1980er-Jahren zum Teil einem Diebstahl zum Opfer fiel. Noch erhalten sind unter anderem einige Reliquien, ein wertvolles Kruzifix aus dem 13. Jahrhundert und das angebliche Original der berühmten Hellebarde (s. S. 19) des heiligen Sergius.

Links vom Glockenturm, über eine Tür im Inneren der Kathedrale zugänglich, steht das 1380 errichtete Baptisterium **San Giovanni**, eine Johannes dem Täufer gewidmete Kapelle mit einem großen rechteckigen

034tr-bk

◁ Die Fassade der Kathedrale ist mit einer gotischen Fensterrosette aus weißem Marmor geschmückt

San Giusto – Schutzpatron von Triest

San Giusto, der heilige Justus von Triest, ist der Schutzpatron der Stadt, sein Gedenktag wird am 2. November gefeiert. Der Legende nach hat er im Jahr 303, zur Zeit der Christenverfolgungen unter Kaiser Diokletian, in Aquilea den Märtyrertod erlitten: Man warf ihn, Hände und Füße mit Steinen beschwert, ins Meer. Doch trotz der Last, so die Legende, wurde sein Leichnam kurze Zeit später in Triest ans Ufer gespült.

Der Priester Sebastiano, dem Justus im Traum erschienen war und ihn um eine würdige Beerdigung gebeten hatte, soll ihn geborgen und auf einem Friedhof im heutigen Cavana-Viertel beigesetzt haben. Dieser war rund um eine Märtyrer-Basilika angelegt, deren Überreste man in den 1960er-Jahren in der Via Madonna del Mare entdeckte. Später wurden die Überreste des Märtyrers in die heutige Kathedrale San Giusto überführt.

Taufbecken. Rechts von der Kathedrale steht die Kapelle **San Michele al Carnale**, die bis in das frühe 19. Jahrhundert als Totenkapelle für den Friedhof diente, der sich an der Stelle des heutigen Steingartens (Orto Lapidario, s. S. 28) befand.

› Piazza della Cattedrale 2, Tel. 040 3224575, www.sangiustomartire.it, geöffnet: Mitte März–Mitte Okt. Mo.–Sa. 7.30–19, So. 8–20 Uhr, Mitte Okt.–Mitte März Mo.–Sa. 7.30–18.30, So. 8–20 Uhr, Bus Nr. 24 (Haltestelle San Giusto)

11 Foro Romano ★ [E4]

Angrenzend an die Kathedrale dürfte sich, den Funden zufolge, zur **römischen Zeit** der **Hauptplatz der damaligen Siedlung** befunden haben. Die römischen Propyläen aus dem 1. Jahrhundert markierten wohl den Eingang zu einem Tempel, der den Göttern Jupiter, Juno und Minerva gewidmet war.

Am Rande des Forums wurde in den 1920er-Jahren von Attilio Selva das **Denkmal der Gefallenen des Ersten Weltkriegs** errichtet: eine monumentale Darstellung von Soldaten, die einen sterbenden Kameraden in den Armen halten. Von hier hat man einen großartigen Ausblick auf die Stadt.

12 Castello di San Giusto (Kastell San Giusto) ★★★ [E4]

Der Kirchenhügel wird von einer Burg überragt, dem Kastell von San Giusto, das in seiner heutigen Form 1470 unter dem Habsburger Kaiser Friedrich II. begonnen, aber erst 1630 vollendet wurde.

Bereits ab dem **13. Jahrhundert** befand sich an dieser Stelle eine befestigte Bischofsresidenz. Der zentrale Bau, eine dreieckige Befestigung, wurde im Laufe der Zeit immer wieder erweitert und umgestaltet.

Das älteste Gebäude des Castello mit einem Turm ist die **Casa del Capitano**, das Haus des Hauptmanns, die 1470 für die Statthalter der Habsburger Kaiser errichtet wurde. Heute beherbergt es das städtische **Waffenmuseum** (Museo del Castello di San Giusto – Armeria) und die gotische Kapelle **San Giorgio**. Zu Beginn des 16. Jahrhunderts, während der vene-

071tr-mb

zianischen Herrschaft, kam der runde Turm, die **Bastion Veneto**, dazu. Auf dem Turm gibt es einen Aussichtspunkt mit einem beeindruckenden Blick über die Stadt. Als die Stadt wieder zurück an die Habsburger fiel, wurde der Bau der zweiten Bastion, der nach ihrem Architekten benannten **Bastion Lalio**, begonnen. Im Atrium sind heute Wappen aus dem mittelalterlichen Triest ausgestellt. Das Kastell beherbergt eine Reihe von Sammlungen und Museen.

Der Via della Cattedrale entlang gelangt man zum 1925 eingerichteten **Civico Museo di Storia ed Arte** (Museum für Geschichte und Kunst, s. S. 63), ehemals Sitz des bischöflichen Seminars, mit dem **Orto Lapidario**, dem Steingarten. Im zweistöckigen Museum mit archäologischem Schwerpunkt ist nicht zuletzt die vor- und frühgeschichtliche Abteilung interessant, mit steinzeitlichen Funden aus dem Karst und frühgeschichtlichen Objekten wie Waffen. Das jüngste der Museen in San Giusto ist das **Alinari Image Museum** (AIM), das nicht nur zeitgenössische und historische Fotografien zeigt, sondern auf interaktive Weise die Welt der Bilder begreiflich macht (s. S. 62).

Im 1843 auf den Terrassen des ehemaligen Friedhofs von San Giusto errichteten **Steingarten** sind Statuen, Fragmente und Inschriften aus der Römerzeit ausgestellt. Auf einer der Terrassen des Steingartens befindet sich mit dem Kenotaph, einem leeren Scheingrab, Johann Joachim Winckelmanns ein besonderes Kuriosum. Der deutsche Gelehrte wurde 1768 auf der Durchreise nach Rom in Triest unter nie ganz geklärten Umständen ermordet und auf dem Friedhof San Giusto begraben. Bei der Verlegung des Friedhofs gelangten seine sterblichen Überreste in ein Massengrab. Um diesen Fehler gutzumachen, wurde ihm 1838 hier dieses Scheingrab gewidmet.

› Piazza della Cattedrale 3, Tel. 040 309362, www.castellodisangiusto trieste.it, Eintritt: 3 €, ermäßigt 2 € (Kastell, Waffenmuseum, Orto Lapidario), geöffnet: 10.10.–31.3. Di.–So. 10–17 Uhr, 1.4.–9.10. Di.–So. 10–19 Uhr, Bus Nr. 24 (Haltestelle San Giusto)

⌃ *Rund um das Castello di San Giusto* ⓬ *finden sich viele Spuren aus vergangenen Zeiten*

Die Triestiner und ihre Hunde

Als ein „kleines Wien am Meer" wird Triest häufig bezeichnet. Und das ist nicht nur der Architektur geschuldet, in vielerlei Hinsicht wird den Triestinern nachgesagt, dass sie den Wienern ähnlich sein sollen. Ein Punkt, bei dem das wohl besonders zutrifft, ist ihre Beziehung zu Hunden. Auf Schritt und Tritt begegnet man in der Stadt Menschen, die von ihren vierbeinigen Freunden begleitet werden. Vor allem im Sommer stellen Laden- und Barbesitzer Trinknäpfe für durstige Hunde vor die Tür. Und während in Italien reisende Hundebesitzer in vielen anderen Gegenden des Landes die Erfahrung machen, dass es schwierig sein kann, ein Restaurant zu finden, in dem Hunde zugelassen sind, sind die Vierbeiner in der Adriametropole so gut wie überall nicht nur willkommen, sondern werden oft auch noch mit Leckerli versorgt. Sogar in manchen Supermärkten sind Hunde zugelassen: Bei der Kette Eurospesa können Hunde mit Maulkorb und Leine mit ins Geschäft kommen, bei Conad stehen eigene Einkaufswagen zur Verfügung, in denen kleine Hunde Platz nehmen können. Und auf keine Weise wird man mehr neue Bekannte finden, als wenn man mit einem niedlichen Vierbeiner durch Triest spaziert – das Kosewort „coccolo" (herzig) wird man dann rasch in seinen Wortschatz aufnehmen. In den städtischen Bussen und auf den Linienschiffen kann man Hunde unabhängig von ihrer Größe mitnehmen, sofern sie einen Maulkorb tragen.

***Straßenkatzen,** die einmal in vielen Teilen der Stadt sehr präsent waren, sind weitgehend aus dem Stadtbild verschwunden. Hier haben wohl die Kastrationsprogramme gegriffen, mit denen man die Vermehrung der auf den Straßen lebenden Samtpfoten kontrollieren möchte.*

Borgo Teresiano

Das Borgo Teresiano ist nach Kaiserin Maria Theresia von Österreich benannt, die wichtige Impulse für den ökonomischen Aufschwung der Stadt gesetzt hat. Die schachbrettartig angelegte Theresianische Vorstadt steht in deutlichem Gegensatz zu den verwinkelten Gassen der Triestiner Altstadt. Um dem Bevölkerungswachstum gerecht zu werden, ließ die österreichische Kaiserin im Zuge einer Stadterweiterung die hier befindlichen Salinen trockenlegen, den Kanal ausheben und verlieh den vielen in der Stadt lebenden Nationalitäten das Recht auf ihre eigene kulturelle und religiöse Identität. Das Viertel zwischen Via Giosuè Carducci, Corso Italia, Bahnhof und den Rive ist heute nicht nur ein populäres Einkaufsviertel, sondern mit seinen zahlreichen Lokalen auch ein beliebter Treffpunkt.

⑬ Corso Italia ★★ [F3]

Beginnend bei der Piazza della Borsa ❷ ist der Corso Italia eine der wichtigsten Verkehrsadern und **Einkaufsmeilen** der Stadt. Rechter Hand stadtauswärts stehen zwei auffällige weiße Gebäude im für den italienischen Faschismus typischen Stil: der von Marcello Piacentini geplante Palazzo delle Assicurazioni Generali und der mächtige Bau der ehemaligen Casa del Fascio, heute Sitz der Questura (Polizeipräsidium, s. S. 122), die der Architekt Camillo Jona mitten in das mittelalterliche Getto positionierte.

Das Ende des Corso Italia stadtauswärts, bevor die Straße als Corso Umberto Saba weitergeht, markiert die **Piazza Carlo Goldoni,** einst Standort eines der Lazarette von Triest. Rechts vom Platz führt die Via Silvio Pellico zu einem Tunnel, über dem die 1904 erbaute **Scala dei Giganti,** die „Treppe der Riesen", zum Stadthügel von San Giusto hinaufführt.

⓮ Canal Grande ★★★ [E2]

Nicht nur Venedig, auch Triest hat seinen Canal Grande, auch wenn er doch deutlich weniger imposant ausgefallen ist als in der Lagunenstadt. Mit kleineren Booten ist er noch heute schiffbar und reicht vom Alten Hafen bis mitten hinein ins Borgo Teresiano.

Geplant und gebaut wurde der knapp 30 Meter breite und fast 400 Meter lange Kanal, der ursprünglich bis zur heutigen Kirche Sant'Antonio Nuovo reichte, **Mitte des 18. Jahrhunderts vom venezianischen Architekten Matteo Pirona,** der dort befindliche Salinen ausheben ließ. In den 1930er-Jahren wurde das Endstück des Kanals zugeschüttet, wodurch der heutige Platz (Piazza Sant'Antonio) mit dem Springbrunnen vor der Kirche Sant'Antonio entstand.

Am **linken Ufer** des Kanals in Richtung Meer verläuft die **Via Vincenzo Bellini** mit einigen interessanten Bauwerken. An der Ecke zur Piazza del Ponterosso steht der **Palazzo Genel** aus den 1870er-Jahren, heute Sitz der Banca Nazionale del Lavoro. Weiter vorne in Richtung Meer reicht bis zur Uferpromenade der **Palazzo Carciotti** mit seiner imposanten Fassade mit sechs Säulen, die einen mit sechs Statuen geschmückten Balkon tragen. Darüber thront eine große Kupferkuppel mit einem napoleonischen Adler, der darauf hinweist, dass das Gebäude 1803, zur Zeit der französischen Besetzung, fertiggestellt wurde.

Auch am **rechten Ufer** des Kanals in Richtung Meer stehen in der der **Via Gioacchino Rossini** eine Reihe beeindruckender Palazzi. So fällt etwa der **Palazzo Gopcevich** auf, ein vom Kaufmann Spiridone Gopcevich beim in Triest sehr aktiven Architekten Giovanni Berlam beauftragter Bau, der sich mit seinem venezianisch-romantischen Stil von der damals verbreiteten neoklassizistischen Architektur abhebt. Die Fassade stellt Protagonisten einer bis heute auf dem Balkan politisch hochsensibel bewerteten Schlacht dar, nämlich der vom Amselfeld 1389, in der sich die Serben dem ottomanischen Vormarsch entgegenstellten.

In diesem Gebäude ist das **Theatermuseum Carlo Schmidl** (s. S. 63) untergebracht, benannt nach einem Triestiner Musik- und Theaterliebhaber und Sammler, das eine Bibliothek, ein Archiv, eine Mediathek und eine Ausstellung über die Musikgeschichte von Triest samt historischer Instrumente beherbergt. Weiter stadteinwärts ebenfalls in der Via Gioacchino Rossini 10–12 befinden sich der neoklassizistische Doppelpalast **Casa Biasoletto-Homero,** ein Werk des Tessiner Architekten Giovanni Righetti.

Die Chiesa Santissima Trinità e San Spiridione erinnert an das Anwachsen der christlich-orthodoxen Gemeinde im 18. Jahrhundert

⑮ Ponte Rosso und Piazza del Ponterosso ★★★ [E2]

Drei **Hebe- bzw. Drehbrücke**n überspannten ursprünglich den Canal Grande, zwei von ihnen existieren heute noch – der Ponte Verde am Beginn des Kanals und der Ponte Rosso in der Mitte. Der Name **Ponte Rosso, also „Rote Brücke"**, erinnert an die rote Farbe des ursprünglichen Übergangs an dieser Stelle. Auf der Brücke selbst steht eine der bronzenen Dichterstatuen (s.S. 43) der Stadt, in diesem Fall jene von **James Joyce,** der im Borgo Teresiano lebte.Nach dem irischen Dichter benannt ist auch die neue Fußgänger- und Radfahrerbrücke, die zusätzlich zu den beiden mit Autos befahrbaren Brücken über den Kanal führt, der **Passaggio James Joyce**. Im Volksmund hat der Übergang aber längst auch einen anderen Namen – *Ponte Curto* („kurze Brücke"): Eine Anspielung auf die Tatsache, dass aufgrund eines Planungsfehlers, der für Diskussionen, viel Häme und satirische Aktionen sorgte, die Brücke zunächst zu kurz war.

Auf der **Piazza del Ponterosso** befindet sich der 1751 errichtete **Barockbrunnen.** Er wurde ursprünglich von einer der Quellen des Stadtviertels San Giovanni gespeist, die Puttenfigur des Brunnens ist wohl in Anspielung darauf als **Giovanin del Ponterosso** bekannt. Am Feiertag des heiligen Johannes, dem 24. Juli, wird der Brunnen traditionell mit frischen Blumen geschmückt. Die **Via Roma,** die über den Ponte Rosso führt, ist eine der wesentlichen Längsachsen des Borgo Teresiano.

⑯ Chiesa Santissima Trinità e San Spiridione ★★★ [E3]

Die orthodoxe Kirche Santissima Trinità e San Spiridione zeugt vom zunehmenden Zuzug von Migranten dieser Glaubensrichtung aus Serbien und Griechenland nach Triest im 18. Jahrhundert, der zu einem raschen Anwachsen der **christlich-orthodoxen Gemeinde** führte.

Die Kirche ist im **neo-byzantinischen Stil** gestaltet, mit Murano-Glas dekoriert und hat mehrere blaue Kuppeln. Der Grundriss des Baus entspricht einem griechischen Kreuz, die Fassade ist mit beeindruckenden Mosaiken dekoriert.

EXTRATIPP

San Nicolò dei Greci

Die serbisch-orthodoxen und griechisch-orthodoxen Christen hatten mit San Spridione ⓰ eine gemeinsame Kirche. In den 1780er-Jahren spalteten sich die beiden Gemeinden nach Streitigkeiten in liturgischen Fragen, die griechisch-orthodoxe Gemeinde errichtete ihre eigene Kirche, San Nicolò. Das vom Architekten Matteo Pertsch errichtete Gotteshaus an der Uferpromenade mit seiner neoklassizistischen Fassade ist dem heiligen Nikolaus, dem Schutzpatron der Seefahrer, und der Heiligen Dreifaltigkeit geweiht. Sehenswert sind unter anderem die Ikonen und die beeindruckenden Fresken.

★1 [D3] **San Nicolò dei Greci,** Riva III Novembre 7, www.comgrecotrieste.it

Ursprünglich war San Spiridione eine gemeinsame Kirche der serbisch-orthodoxen und griechisch-orthodoxen Christen. In den 1780er-Jahre spalteten sich die beiden Gemeinden nach Streitigkeiten in liturgischen Fragen, die griechisch-orthodoxe Gemeinde errichtete ihre eigene Kirche, **San Nicolò,** direkt an der Uferpromenade. Die nunmehr serbisch-orthodoxe Kirche San Spiridione wurde zwischen 1861 und 1869 erneuert und erweitert.

Beeindruckend ist es, ein **Hochamt** mitzuerleben, zum Beispiel zu Ostern oder zu Weihnachten, nicht zuletzt wegen des mehrstimmigen Chors.

› Via San Spiridione/Ecke Via Genova, www.comunitaserba.org, Di.–Sa. 8.30–12.30, 16–19, So. 8.30–12.30 Uhr (Juni–Aug. Di.–Sa. bis 20 Uhr), kostenloser Eintritt, Bus Nr. 5 oder 17 (Haltestelle Via Fabio Filzi)

⓱ Chiesa Sant'Antonio Nuovo ★★★ [F3]

Das andere große Gotteshaus in unmittelbarer Nähe des Kanals, die vom **Architekten Pietro Nobile in der ersten Hälfte des 19. Jahrhunderts** geplante und errichtete Kirche Sant'Antonio Nuovo auf dem gleichnamigen Platz, der durch Aufschüttung eines Stücks des Kanals entstand, ist eine der größten der Stadt und **von der Architektur griechischer Tempel inspiriert.** Das wird besonders deutlich an den sechs ionischen Säulen, die die Fassade prägen und einen dreieckigen Giebel stützen. Der Zusatz *nuovo* verweist darauf, dass sich an dieser Stelle bereits zuvor eine dem heiligen Antonius geweihte Kirche befunden hatte. Auf der Balustrade über dem Giebelfeld stehen die Statuen der acht Triestiner Märtyrer, überragt von einer mächtigen Kuppel. Im Inneren der Kirche sind unter anderem eine Reihe von beeindruckenden Wandtafeln deutscher und venezianischer Künstler aus dem 18. und 19. Jh. von Interesse.

Hinter der Kirche, in der Via San Lazzaro, steht die **Casa delle Bisse** mit einem berühmten Portal, dessen Fassade die Napoleonischen Kriege thematisiert. Napoleon wird versinnbildlicht durch eine Schlange, die sich zur Eroberung der Welt aufmacht. Sie kämpft gegen die Heilige Allianz (Russland, Preußen, Österreich), versinnbildlicht durch drei Adler.

› Piazza Sant'Antonio Nuovo/Via Amilcare Ponchielli, Tel. 040 630116, geöffnet für Besichtigungen: täglich 7–12 und 16–18 Uhr, Bus Nr. 8 (Haltestelle Corso Cavour), Bus Nr. 24 (Haltestelle Via Fabio Filzi)

038tr-fo©emmeci74

18 Piazza San Giovanni ★ [F3]

Dominiert wird die Piazza San Giovanni von einer 1906 errichteten **Statue Giuseppe Verdis**, die 1915 im Zuge von anti-italienischen Demonstrationen kaisertreuer Triestiner beschädigt und nach dem Ende des Ersten Weltkriegs, angeblich unter Nutzung der Bronze österreichischer Kanonen, wiederhergestellt wurde.

Zum Stöbern und Kaufen lädt auf der Piazza die **Drogheria Vittorio Toso** (s. S. 89), eine der ältesten Drogerien und Kolonialwarenhandlungen der Stadt, ein. Und für eine Besichtigungspause bietet sich die Gran Malabar (s. S. 75) mit ihrem vielfältigen Angebot lokaler Weine an. Links vom Platz führen die Arkaden Portici di Chiozza zur Via Giosuè Carducci.

19 Viale XX Settembre ★★★ [H2]

Der Autoverkehr ist aus dieser 600 Meter langen Allee weitgehend verbannt, die von Cafés, Bars, Eisläden und Geschäften gesäumt ist. Besonders im Sommer ist dieser Schatten spendende Ruhepol mitten in der Stadt bei Triestinern und Besuchern populär und tagsüber ebenso wie am Abend ein beliebter Treffpunkt.

Am Beginn des Viale XX Settembre – unter Triestinern auch einfach **Viale oder Acquedotto genannt** – steht ein moderner Brunnen mit einer auffälligen Aluminium-Konstruktion. Die Bezeichnung *Acquedotto* (Aquädukt oder Wasserleitung) bezieht sich übrigens auf die Tatsache, dass hier, einmal mehr per Dekret Maria Theresias von Österreich, Mitte des 18. Jahrhunderts die erste unterirdische Wasserleitung verlegt wurde, um die rasch wachsende Bevölkerung mit Trinkwasser zu versorgen.

Auch wenn das allgemeine Kinosterben auch Triest, traditionell eine sehr kinoaffine Stadt, nicht verschont – hier am oder rund um den Viale befinden sich nach wie vor eine Reihe wichtiger **Lichtspielhäuser**, zum Beispiel das Cinema Ambasciatori im Palazzo Viviani Giberti (Hausnummer 35), einem schönen Jugendstilbau.

⌃ *Die Chiesa Sant'Antonio Nuovo markiert den ursprünglichen Abschluss des Canal Grande*

Auf den Spuren der modernen Psychiatrie

Der Name des Psychiaters Franco Basaglia ist untrennbar mit der umfangreichen italienischen Psychiatriereform Ende der 1970er-Jahre verbunden, die von Triest aus ihren Ausgang nahm. Bevor Basaglia im Jahr 1972 die Leitung der psychiatrischen Klinik San Giovanni in Triest übernahm, war er bereits in Görz und Colorno tätig gewesen. Unter dem Eindruck und als scharfer Kritiker der damals gängigen Behandlung psychisch kranker Menschen - geschlossene Anstalten, Gitterbetten, Zwangsjacken, Elektroschocks und die Lobotomie waren gängig - wurde er zu einem der wichtigsten Befürworter einer umfassenden Veränderung seines medizinischen Fachgebiets.

Er vertrat die Ansicht, dass der Verbleib in geschlossenen Kliniken und die Ausgrenzung psychisch Kranker einen zusätzlichen negativen Einfluss auf die Erkrankung haben und daher ambulante Betreuung und eine Integration Betroffener in die Gesellschaft anzustreben ist. Die Anstalten sollten durch begleitete Betreuung in der Familie, Wohngruppen und Zentren für mentale Gesundheit ersetzt werden. Die Erfolge, die Basaglia in Triest mit diesem Ansatz erreichen konnte und die konsequente Kampagne des Psychiaters und seiner Mitstreiter überzeugten schließlich auch die Politik. 1978 wurde vom italienischen Parlament das legendäre Gesetz Nr. 180 verabschiedet, mit dem unter anderem die Auflösung der geschlossenen Anstalten verfügt wurde.

Auf dem Gelände der ehemaligen Klinik San Giovanni befindet sich heute der öffentlich zugängliche Park San Giovanni mit zahlreichen sozialen Initiativen und Kultureinrichtungen (s. S. 90). Die Triestiner nennen das Areal „Ex-OPP" als Abkürzung für Ex Ospedale psichiatrica provinciale - ehemaliges psychiatrisches Krankenhaus der Provinz.

20 Giardino Pubblico (Stadtpark) ★★★ [H2]

Für eine Pause bietet sich der Giardino Pubblico an, der auch **Parco Muzio de Tommasini** genannt wird. Es handelt sich um einen Mitte des 19. Jh. angelegten Park, in dem es im Sommer ein Freilichtkinoprogramm gibt. Die grüne Oase nicht weit vom Stadtzentrum, die auch über einen Kinderspielplatz verfügt, lädt nicht nur zur Erholung ein, ein Spaziergang erweist sich auch als durchaus informativ. Denn hier stehen zahlreiche **Büsten** von Prominenten aus Kultur, Politik und Wirtschaft, die aus Triest stammen oder in der Stadt gelebt haben.

21 Tempio israelitico (Synagoge) ★★ [G2]

Auf Höhe des Caffè San Marco (s. S. 77) auf der Via Cesare Battisti führt die Via Gaetano Donizetti zur großen Synagoge, errichtet zwischen 1908 und 1912 von den Architekten Ruggero und Arduino Berlam und **eines der größten jüdischen Bethäuser Europas.** Der rechteckige Hauptsaal ist in drei Schiffe gegliedert, die in einer Apsis mit einem Mosaikgewölbe zusammenlaufen. Marmor, Granit und Leuchter aus verschiedenen Metallen dekorieren den Raum. An den Fassaden befinden sich zwei Fensterrosetten, die den Davidstern darstellen.

Während der antisemitischen Verfolgung nach dem Erlass der Rassengesetze 1938 wurde die Synagoge entweiht, nach der Besetzung durch die Nationalsozialisten diente das Gebetshaus als Lager für Raubgut, das jüdischen Familien gestohlen wurde, als die Deportationen begannen. Eines der Opfer war **Carlo Morpurgo**, Sekretär der jüdischen Kultusgemeinde und Mitglied einer bekannten Triestiner Familie, nach der ein Museum (Civico Museo Morpurgo, s. S. 63) benannt ist. Morpurgo versteckte die Tora und andere Schätze der Synagoge, sodass sie gerettet werden konnten, er selbst wurde in Auschwitz ermordet.

› Via San Francesco d'Assisi 19, 040 6726736/26, www.triestebraica.it, Besichtigungen: So. 10, 11 und 12, Mo. 16 und 17.30, Di. 10 und 11.30, Mi. 16 und 17.30 Uhr, Eintritt: 3,50 €, ermäßigt 2,50 €, kostenlos für Kinder unter 10 Jahren und Menschen mit Behinderung. Gruppen werden ersucht, sich telefonisch anzumelden.

KURZ & KNAPP

Maria Theresia, Franz und Josef

Drei Borghi, also Stadtviertel, erinnern durch ihre Namensgebung in besonderem Maß an das Wirken der Habsburger Herrscher in Triest. Zum einen gibt es das im 18. Jahrhundert erbaute **Borgo Teresiano,** das auf Initiative von Kaiserin Maria Theresia außerhalb der alten Stadtmauern auf den ehemaligen Salinen errichtet wurde und das Gebiet zwischen Via Giosuè Carducci, Corso Italia, Hauptbahnhof und Uferpromenade umfasst. Später, Ende des 18. Jahrhunderts, entstand das nach Kaiser Franz II. benannte **Borgo Franceschino,** eine weitere Osterweiterung der Stadt um die Via Giosuè Carducci und die Via Cesare Battisti. Das **Borgo Giuseppino** hingegen, benannt nach Kaiser Josef II., erstreckt sich zwischen dem Gebiet von der Porta Cavana bis zum Campo Marzio und dem Bereich von der Uferpromenade bis zur Piazza Attilio Hortis. Zentrum des Viertels ist die Piazza Venezia.

22 Piazza Guglielmo Oberdan ★★ [F2]

Die Piazza Guglielmo Oberdan ist einer der wichtigsten Plätze im Zentrum von Triest. Als Endstation vieler Buslinien ein Verkehrsknotenpunkt, ist die Piazza Guglielmo Oberdan auch der **Sitz des Regionalrats** *(Consiglio Regionale)* von Friaul-Julisch Venetien und des Regionalbüros der öffentlichen Fernsehanstalt RAI.

Das heutige Erscheinungsbild des Platzes wurde in den 1930er-Jahren gestaltet, nach dem Abriss einer großen Kaserne aus der Habsburger Zeit. Die **Handschrift der faschistischen Monumentalarchitektur** wird vor allem an den Gebäuden an der Ostseite deutlich. Der Platz steht ganz im Zeichen des Risorgimento und der Irredentisten, also jener italienischen Nationalbewegung, die, durchaus auch mit gewalttätigen Mitteln, im 19. Jahrhundert für einen Zusammenschluss aller italienischsprachigen Gebiete in einem Nationalstaat und für eine Abspaltung Triests von Österreich eintrat.

Die Namensgebung des Platzes ist eine **Hommage an Guglielmo Oberdan,** einen Irredentisten, der 1882 anlässlich des Besuchs von Kaiser Franz Josef aus Anlass der Feierlichkeiten zur 500-jährigen Zugehörigkeit der Stadt zu Österreich einen Anschlag auf den Habsburger Herrscher plante. Das Attentat wurde verhindert, der 24-jährige Student in der Ka-

EXTRAINFO

Tram di Opicina

Die Tram di Opicina (auf Triestinisch „Tram de Opcina") ist eines der bekanntesten Wahrzeichen von Triest, obwohl sie **seit Jahren nicht in Betrieb** ist. Die Linie führt von der Piazza Guglielmo Oberdan 22 aus in Richtung Karst. Schon wegen des sensationellen Blicks über die Stadt und den Golf war die 1902 eingeweihte Straßenbahn, im Netz der Triestiner Verkehrsbetriebe die Linie 2, für einen Ausflug nach Opicina 40 immer höchst populär unter Triestinern und Touristen. Auf dem Weg hinauf in den Karst überwindet die Bahn 340 Höhenmeter. Auf der steilsten Teilstrecke zwischen der Piazza Scorcola und der Vetta Scorcola wird eine maximale Steigung von 26 Prozent erreicht. Nach jahrelangen Renovierungsarbeiten wurde die Tram 2015 wiedereröffnet, dieses Vorhaben stand allerdings unter keinem guten Stern, schon ein Jahr später musste der Betrieb nach einem schweren Unfall wieder eingestellt werden. Die Frage der **Renovierung und Wiedereröffnung** ist ein hitzig diskutiertes **Triestiner Politikum.**

› www.tramdeopcina.it

serne, die sich damals auf dem Platz befand, standrechtlich hingerichtet. Ein wichtiges Element des zeithistorisch-politischen Ensembles ist die **Casa del Combattante** mit dem **Museum des Risorgimento** (s. S. 62). Eine Gedenktafel am Gebäude neben der Bushaltestelle (Linien 42 und 44) erinnert daran, dass während der deutschen Besatzung die SS hier 20 Monate lang ihr Hauptquartier samt Folterkeller hatte.

In der Mitte des Platzes steht eine **Bronzeskulptur** von Marcello Mascherini, die zwei Verliebte in Umarmung zeigt *(Cantico dei Cantici,* wörtlich „Lied der Lieder").

Rive (Meerespromenade)

Ein **Spaziergang** entlang der Rive, wie die Triestiner die breite Straße entlang des Hafenbeckens nennen, ist ein **Erlebnis.** Hier bekommt man ein Gefühl dafür, welche Bedeutung Meer und Hafen für die Stadt hatten und haben. Es bietet sich nicht nur ein wunderbarer Blick hinaus auf den Golf, sondern auch auf die prachtvollen, vorwiegend neoklassizistischen Bauten, die die Uferpromenade säumen.

Die Rive, die Straße entlang des alten Hafenbeckens im Zentrum von Triest, nehmen ihren Ausgangspunkt am Hauptbahnhof 23 und führen am Meer entlang bis zum Campo Marzio 28. Eine romantische Uferpromenade darf man hier nicht erwarten.

Die **mehrspurige Straße**, die als Corso Cavour beginnt und dann abschnittsweise Riva Tre Novembre, Riva del Mandracchio, Riva Nazario Sauro, Riva Tommaso Gulli und schließlich Riva Grumula heißt, ist eine **wichtige Verkehrsader** der Stadt. Doch breite Gehsteige bieten ausreichend **Platz zum Bummeln** – und das sollte man auch tun: Denn sowohl meer- als auch stadtseitig gibt es einige interessante Bauwerke und Kuriositäten zu entdecken.

23 Trieste Centrale (Hauptbahnhof) ★ [E1]

Das Hauptgebäude des kürzlich umfassend renovierten Hauptbahnhofs entstand 1878 nach Plänen des deutsch-österreichischen Architekten Wilhelm von Flattich. Bereits zuvor, nämlich 1857, war Triest über die Südbahn mit Wien verbunden worden.

Auf der **Piazza della Libertà** vor dem Hauptbahnhof, die von imposanten, von großen Handelsfirmen zur Blütezeit des Freihafens errichteten Bauten umgeben ist, steht eines der vielen Denkmäler, die an das habsburgische Triest erinnern, nämlich eine 1912 errichtete Statue der Kaiserin Elisabeth von Österreich. Wie viele andere an die österreichische Herrschaft erinnernde Symbole musste auch die bronzene Sissi nach der Angliederung Triests an Italien 1918 aus dem öffentlichen Raum verschwinden und wurde erst 1997 wieder an ihrem ursprünglichen Platz aufgestellt.

Links vom Hauptbahnhof sticht die **Sala Tripcovich** auf dem Largo Santos ins Auge, ein auffälliges Gebäude, das aus den 1930er-Jahren stammt. In den frühen 1990er-Jahren wurde dieser ehemalige Busbahnhof zu einem Theatersaal umgebaut, um als Ausweichquartier während der Renovierungsarbeiten am **Teatro Verdi** (s. S. 82) zu dienen. Auch danach blieb der Saal als Aufführungsstätte für Theater, Musik und neuerdings auch Film erhalten.

24 Porto Vecchio (Alter Hafen) ★ [bh]

Zwischen der Sala Tripcovich und dem Parkhaus Silos befindet sich hinter einer Mauer und zwei großen Portalen der Eingang zum Alten Hafen. Das enorme, zu einem Großteil **seit Jahrzehnten brachliegende Areal** soll seit Jahren für neue Verwendungszwecke umgebaut werden. Ehrgeizige Sanierungsprojekte scheiterten immer wieder an fehlenden Investitionen.

Die Sanierung des verfallenden Porto Vecchio, also des Alten Hafens, wird jetzt konkret angegangen. Unter Einbeziehung der Region Friaul-Julisch Venetien, der Stadt Triest, der Regierung in Rom und privater Investoren sollen die alten Lagerhäuser saniert werden und neue Funktionen bekommen. Entstehen sollen hier unter anderem ein neues Meeresmuseum und ein Zentrum für Biotechnologie. Weitere Stadtentwicklungsmaßnahmen sind in Vorbereitung.

Ein Beginn war bereits vor längerer Zeit mit dem **Magazzino 26** gelungen. Aus Anlass der Biennale von Venedig 2011, die eine „Außenstelle" in Triest hatte, wurde diese Lagerhalle aufwendig renoviert und für Events und Ausstellungen nutzbar gemacht. Hier wird das neue **Meeresmuseum** ab 2023 seinen Platz finden. Ein Teil der Sammlung ist unter dem Namen „Lloyd at sight" bereits im Magazzino 26 für die Öffentlichkeit zugänglich.

Die angrenzenden Magazzini 27 und 28 sollen zu einem Kongresszentrum umgebaut werden. Verschiedene **maritime Kuriositäten** gibt es im zugänglichen Teil des Alten Hafens zu entdecken, etwa den 75 m hohen Schwimmkran Ursus, ein Meisterwerk der K.-u.-k.-Ingenieurskunst, die **Centrale Idrodinamica**, ein beeindruckendes Museum der Industriegeschichte, oder der **Ex-Idroscalo** auf der Piazza Duca degli Abruzzi, ein ehemaliger Landeplatz für Wasserflugzeuge. Heute befindet sich hier der Sitz der Küstenwache und der Hafenverwaltung.

★2 [bh] **Magazzino 26,** Piazza del Magazzino 26 all'Interno del Porto Vecchio, www.discover-trieste.it/code/20532/das-meeresmuseum. Bis zur Fertigstellung des neuen Meeresmuseums ist ein Teil der Sammlung Fr.–So. 10–19 Uhr zugänglich.

M3 [bg] **Centrale Idrodinamica,** Punto Franco Vecchio 1, Tel. 040 6732951, geöffnet: Fr.–So. 10–12 und 14–16 Uhr

㉕ Molo Audace ★★★ [D2]

Zwischen den Hafenbecken Bacino San Giusto und Bacino San Giorgio, in unmittelbarer Nähe der Piazza dell'Unità d'Italia, führt ein langer Kai ins Meer – der Molo Audace.

Der Kai wurde 1754 über dem Wrack des spanischen Schiffes **San Carlo** erbaut, das 1739 an dieser Stelle gesunken war, und nach diesem benannt – ein Name, den manche Triestiner im Übrigen hartnäckig bis heute verwenden.

Ursprünglich war der Kai nur über eine Holzbrücke zu erreichen und diente zur Be- und Entladung von Handelsschiffen. 1756 wurde er verbreitert, verlängert und mit dem Festland verbunden. Heute wird die Mole nicht mehr für maritime Zwecke genutzt, sondern ist eine populäre Promenade.

Die **Umbenennung in Molo Audace** 1922 hatte eine wichtige symbolische Bedeutung. **Audace** war der Name jenes italienischen Kriegsschiffes, das am 3. November 1918 hier landete. Diese Landung symbolisiert auch die vom Bildhauer Fiorenzo Bacci geschaffene **Skulptur der Bersaglieri** *(Monumento dei Bersaglieri e delle ragazze di Trieste)*, jener Marineeinheit, die mit der Audace anlegte und Triest für Italien einnahm. Auch an der Spitze der Mole erinnert eine **Windrose** an den historischen Zerstörer. Von hier aus hat man einen großartigen Blick auf den Alten Hafen, die Rive, die Palazzi und das offene Meer.

Auf der gegenüberliegenden Straßenseite, auf der Höhe des Passeggio Sant'Andrea, ist das ehemalige **Hotel de la Ville** bemerkenswert (heute Sitz der Werft Fincantieri), für viele Jahrzehnte eines der Nobelhotels der Stadt, in dem Berühmtheiten wie Giuseppe Verdi, Guiseppe Garibaldi oder Adalbert Stifter zu Gast waren.

㉖ Aquario Marino della Città di Trieste (Meeresaquarium) und Ex-Pescheria ★★★ [C4]

Auf der Riva Nazario Sauro befindet sich ein prachtvolles Jugendstilgebäude, das 1913 nach Entwürfen des Architekten Giorgio Polli errichtet wurde. Der Hauptsaal dieses Baus beherbergte bis in die 1990er-Jahre einen großen Fischmarkt.

Heute dient die großzügige Fläche als Ausstellungsraum, vor allem für

EXTRAINFO

Vorsicht: Bora

„Stadt der Winde" ist einer der vielen Beinamen Triests – und der Sturm, um den wohl auch gesprächsweise am meisten Wind gemacht wird, ist die Bora, ein aus dem Nordosten kommender heftiger, kalter Fallwind, der vorwiegend im Winter über die Stadt hereinfallen kann und häufig von Frost und Schneestürmen begleitet ist. Die Spitzengeschwindigkeit einzelner Böen kann 200 Stundenkilometer oder mehr erreichen, was einem im Wortsinn eine umwerfende Erfahrung bescheren kann, insbesondere auf offenen Plätzen. Wer alle Details zur Bora erfahren will, kann sich im Museo della Bora informieren.

4 [C5] **Museo della Bora,** Via Belpoggio 9, Tel. 040307478, www.museobora.org, kostenloser Eintritt, Besichtigung nach vorheriger Vereinbarung

zeitgenössische Kunst. Der **Salone degli Incanti,** der von den Triestinern aber **Ex-Pescheria genannt wird,** zeigt wechselnde Ausstellungen. Gleich daneben befindet sich das **Eataly** (s. S. 86), ein riesiger Feinkostladen mit mehreren Lokalen und Bars.

Der auffällige Turm des Gebäudes hatte zur Zeit des Fischmarkts eine spezielle Funktion: Hier befand sich ein großer Wassertank, der die Stände der Fischhändler speiste und zur Kühlung der Ware diente und heute vom **Meeresaquarium** im hinteren Teil des Gebäudes genutzt wird. In mehr als 20 großen Becken sind im 1933 eröffneten Aquarium Haie, Rochen sowie eine große Vielfalt adriatischer Fische und sonstiger Meerestiere zu sehen. Eine weitere Attraktion des Aquariums ist das Vivarium im ersten Stock, wo es Reptilien und Amphibien, u. a. viele Frosch- und Krötenarten, zu sehen gibt. Aber auch zahlreiche Schlangen sind hier einquartiert: sowohl in diesem Teil Europas heimische ungiftige und giftige Schlangen als auch exotische wie eine Albino-Python.

Eine besondere Erinnerung, die viele Triestiner mit dem Aquarium verbinden, ist wohl **Marco, der Pinguin.** Er wurde 1953 von der Besatzung des Schiffes Africa nach Triest gebracht und der Stadt geschenkt. 31 Jahre lang war er das Maskottchen des Aquariums, wo er frei herumlief und Kinder wie Erwachsene gleichermaßen begeisterte.

Die gegenüberliegende Straßenseite in Richtung Piazza dell'Unità d'Italia wird von der Fassade des **Hotels Savoia Excelsior** (s. S. 125) dominiert. Der 1910 errichtete Bau galt damals als eines der luxuriösesten Hotels der k. u. k. Riviera. Zwischen 2006 und 2009 wurde es umfassend saniert, wobei viele bei früheren Renovierungen entfernte historische Details wiederhergestellt wurden.

› **Aquario Marino della Città di Trieste,** Molo Pescheria 2/Riva Nazario Sauro 1, www.aquariomarinotrieste.it, Tel. 040 306201, geöffnet: Mitte Okt.–März Do.–Di. 10–17 Uhr, April–Mitte Okt. Do.–Di. 10–19 Uhr, Eintritt: 4,50 €, ermäßigt 3 €, kostenlos für Kinder unter 6 Jahren, Bus Nr. 8, 9, 30 (Haltestelle Rive)

› **Ex-Pescheria – Salone degli Incanti,** http://salonedeglincanti.comune.trieste.it

Blick auf das von der Triestiner Hafenpromenade gesäumte Hafenbecken vom Stadthügel San Giusto aus

27 Molo Fratelli Bandiera ★★ [A4]

Der Molo Fratelli Bandiera liegt gegenüber dem ehemaligen Bahnhof Campo Marzio 28 und schließt das alte Hafenbecken an der Ostseite ab. Am äußersten Ende des Kais steht der **älteste Leuchtturm von Triest, die Lanterna.** 1883 nahm der Leuchtturm seine Funktion auf und war damals das einzige Lichtsignal am Golf von Triest. Als 1927 der Leuchtturm Faro della Vittoria 33 auf der gegenüberliegenden Seite des Golfs errichtet wurde, verlor die Lanterna an Bedeutung und seit 1969 hat sie als Leuchtturm endgültig ausgedient.

Der Weg zum Leuchtturm führt an der populären **Badeanstalt** Lanterna bzw. auch El Pedocin genannt (s. S. 41) vorbei, in der bis heute Männer und Frauen durch eine Mauer getrennt baden.

28 Stazione Campo Marzio ★ [A4]

Der ehemalige Bahnhof **Campo Marzio** war einst mit dem Triestiner Hauptbahnhof durch die Linea delle Rive verbunden. Am Ende der Riva Ottaviano Augusto und der Sacchetta gelegen, diente er Anfang des 20. Jahrhunderts als Endstation der Linien der Staatlichen Österreichischen Eisenbahnen, die über Villach, Görz und den Karst nach Triest führten. Nach 1918 verlor der Bahnhof an Bedeutung und diente nur noch als Endstation der Linien aus Istrien und aus dem Karst. Nach dem Zweiten Weltkrieg wurden auch diese verlegt.

Die Triestiner und ihre Bäder

Am langen Küstenstreifen in Barcola wird es besonders deutlich, wie sehr das Meer in das tägliche Leben der Triestiner integriert ist. Hier legt man sich auch schon einmal in der Mittagspause oder gleich nach der Arbeit in die Sonne oder genießt ein ausgiebiges Bad. Einen Sandstrand suchen Besucher der Stadt hier vergeblich, das Strandleben spielt sich auf einem nicht allzu breiten Betonstreifen zwischen Küstenstraße und Meer ab, auf dem zum Teil auch Duschen und Umkleideräume zur Verfügung stehen (Topolini, s. S. 12). Abgesehen von diesen populären, frei zugänglichen Badeplätzen befinden sich am Meer entlang zwischen Sistiana und Triest unzählige Bäder, wegen der oft nur schwer erkennbaren Hinweisschilder meist nur Eingeweihten ein Begriff: kostenpflichtige Badeanlagen mit Bars, Sonnenschirmen und Mietliegen wie das Ginestre oder das Riviera in Grignano ebenso wie kostenlos zugängliche Badeplätze wie das Filtri, zu dem kurz nach dem Tunnel von Grignano die kleine Sackgasse Via Auguste Piccard führt, das Canovella, das Tenda Rossa oder das Costa dei Barbari.

*Eine Triestiner Besonderheit ist die **Badeanstalt Lanterna** auf dem Molo Fratelli Bandiera, auch unter dem Namen El Pedocin bekannt. Das Pedocin ist wohl das letzte Strandbad Europas, in dem es nach wie vor getrennte Abteilungen für Frauen und Kinder unter 12 Jahren und für Männer gibt. Unweit davon befindet sich die große **Badeanstalt Bagno Ausonia**, die auch*

Quartiere Cavana (Cavana-Viertel) und Borgo Giuseppino

Das **Cavana-Viertel** umfasst die Gegend zwischen Piazza dell'Unità d'Italia und Porta Cavana. Das **ehemalige Hafenviertel** galt bis in die 1960er-Jahre als Rotlichtmeile. Die Bordelle und Hafenkneipen verschwanden zwar im Laufe der Zeit, aber lange war die Cavana-Gegend trotzdem nicht allzu einladend, zu viele Häuser in den engen Gässchen verfielen langsam. Eine große Sanierungswelle in den letzten zwei Jahrzehnten hat Wirkung gezeigt, das Viertel ist heute eine der angesagten Gegenden der Stadt, laufend entstehen hier neue Lokale und Läden und die Via Torino [C4] ist eine der populärsten Ausgehmeilen. Ein völlig anderes Erscheinungsbild als das mittelalterlich strukturierte Cavana-Viertel präsentiert das sich daran anschließende, unter Kaiser Josef II. errichtete und nach ihm benannte **Stadterweiterungsgebiet** des **Borgo Giuseppino.**

Yoga, Gymnastik, Massagen und sonstige Wellnessangebote im Programm hat.

Nicht zu unterschätzen sind auch die Badeplätze von Muggia. Hier findet sich mit dem Bagno Punta Sottile der einzige Sandstrand der Provinz.

S5 *[A4]* ***El Pedocin/Lanterna,*** *Molo Fratelli Bandiera 3, Tel. 040 305922, geöffnet: tgl. außer feiertags 9–16 Uhr, Eintritt: 1 €, kostenloser Eintritt von November bis einschließlich März*

S6 *[bi]* ***Bagno Ausonia,*** *Riva Traiana 1, Tel. 040 309913, geöffnet: 20.5.–17.9. tägl. 8.30–19.30, 18.9.–1.10. tägl. 9–18 Uhr. Das Baden ist vom 1.6. bis 30.9. von 9 bis 19 Uhr gestattet (außerhalb der Öffnungszeiten ohne Badeaufsicht).*

29 Piazza Venezia ★ [C4]

Die Piazza Venezia ist das Herzstück des Borgo Giuseppino, das der österreichische Kaiser Josef II. Ende des 18. Jahrhunderts errichten ließ und das von der **Porta Cavana** bis zur Via del Lazaretto Vecchio und dem **Campo Marzio** reicht. Wie das Borgo Teresiano wurde auch dieses Viertel außerhalb der ursprünglichen Stadtmauer errichtet, als es angesichts des wirtschaftlichen Aufstiegs und des massiven Bevölkerungswachstums Bedarf an neuem Wohnraum gab.

In der Mitte der Piazza Venezia steht eine **Statue von Maximilian von Österreich** aus dem Jahr 1875. Wie viele andere habsburgische Monumente wurde sie 1918 nach der Angliederung von Triest an Italien aus dem öffentlichen Raum verbannt und stand jahrzehntelang im Park des von Maximilian errichteten Schlosses Miramare, bis sie schließlich wieder an ihren ursprünglichen Standort zurückkehrte.

Unweit der Piazza Venezia, an der Kreuzung Via Armando Diaz und der Via San Giorgio, steht der **Jugendstil-Palazzo Revoltella,** benannt nach dem Baron Pasquale Revoltella (1795–1869), einem bekannten Unternehmer. Hier befindet sich das Museo Revoltella (s. S. 64), eines der vielen Werke des Architekten Eugenio Geiringer, das eine Sammlung moderner Kunst beherbergt.

30 Piazza Attilio Hortis ★★ [C4]

Neben der Bronzestatue **Italo Svevos** (s. S. 43) ist auf der Piazza Attilio Hortis auch ein anderer wichtiger Triestiner in Form einer Büste im kleinen Park verewigt: der Historiker, Politiker und Irredentist **Attilio Hortis.**

Ein interessantes Gebäude auf der Piazza Attilio Hortis ist die **Stadtbibliothek** im Palazzo Biserini, die 1793 gegründet wurde und die neben einer Sammlung von rund 500.000 Büchern auch über zahlreiche historische Dokumente wie die ersten Statuten der Stadt aus dem Jahr 1318 und Kartenmaterial verfügt. In der Bibliothek befindet sich auch ein **Museum,** das Italo Svevo gewidmet ist. Dort kann man unter anderem Original-Handschriften und Briefe des italienischen Schriftstellers besichtigen. In einem Nebengebäude, in der Via Madonna del Mare, in dem auch das Stadtarchiv mit historischen Dokumenten untergebracht ist, befindet sich der öffentliche **Lesesaal** der Bibliothek mit in- und ausländischen Zeitungen und Zeitschriften sowie einigen Computerplätzen mit Internetzugang.

- B7 [D4] **Biblioteca Civica Attilio Hortis (Stadtbibliothek),** Via Madonna del Mare 13, Tel. 040 6758200, www.bibliotecacivicahortis.it, geöffnet: Mo.–Fr. 9–19 Uhr, Sa. 9–13 Uhr

040tr-nb

Unweit der Piazza Attilio Hortis, auf dem Largo Papa Giovanni XXIII., steht die elegante **Villa Sartorio** aus dem 19. Jahrhundert, die aus dem Nachlass der Familie zu einem Museum (Civico Museo Sartorio, s. S. 63) umfunktioniert wurde und neben den originalen Wohnräumen eine umfassende Gemälde-, Skulpturen-, Keramik- und Porzellansammlung umfasst.

Ebenfalls ganz in der Nähe, in der Via Torino, befindet sich in einem neoklassizistischen Palazzo das **Museum zur Kultur Istriens, Rijekas und Dalmatiens** (Civico Museo della Civiltà Istriana, Fiumana e Dalmata, s. S. 62), das die Geschichte und den Exodus der italienischstämmigen Bevölkerung aus Istrien und Dalmatien nach 1945 dokumentiert.

31 Piazza di Cavana und Via di Cavana ★★ [D4]

Im Erscheinungsbild so ganz anders als das großzügig angelegte Borgo Teresiano, besticht das Cavana-Viertel mit seinen engen, verwinkelten Gassen und hohen Häuserfronten und

Stadt der Schriftsteller: Eine der bronzenen Dichterfiguren des Bildhauers Nino Spagnoli – Italo Svevo – steht auf der Piazza Attilio Hortis 30

Triest – Stadt der Dichter

Die Liste berühmter Schriftsteller, die entweder aus Triest stammen, die Hafenstadt zu ihrer Wahlheimat gemacht haben oder sich zumindest zeitweise von Meer und Karst inspirieren ließen, ist lang: Sie reicht von den gebürtigen Triestinern Italo Svevo, Scipio Slataper, Giani Stuparich oder Umberto Saba über einen der wohl berühmtesten Wahltriestiner James Joyce und den Übersetzer von „Tausendundeiner Nacht" Francis Burton bis Rainer Maria Rilke, der Duino und seinem Schloss in seinen Duineser Elegien ein Denkmal gesetzt hat. Nicht zu vergessen natürlich auch bekannte zeitgenössische Autoren wie Boris Pahor, Claudio Magris, Paulo Rimiz, Susanna Tamaro oder der deutsche Krimiautor Veit Heinichen (s. S. 109).

Dafür, dass die großen Dichter der Stadt nicht in Vergessenheit geraten, sorgen jede Menge Plaketten an Häusern, die Spaziergänger darauf hinweisen, wo diese gelebt, gearbeitet oder ihren Kaffee getrunken haben. Entlang dieser Hinweisschilder führen auch Rundgänge auf den Spuren der Schriftsteller, die Pläne dazu gibt es in ausgewählten Buchhandlungen und bei der Tourismusinformation. Drei der bekannten Schriftsteller sind in Form von Bronzestatuen verewigt, geschaffen vom Bildhauer ***Nino Spagnoli:*** *die Skulptur von* ***Umberto Saba,*** *die ihn eilenden Schrittes zeigt, steht in der Via Dante Alighieri, unweit der von ihm gegründeten und noch heute bestehenden Buchhandlung in der Via San Nicolò, die Sabas Namen trägt.* ***Italo Svevo,*** *mit bürgerlichem Namen eigentlich Ettore Schmitz, Autor berühmter Werke wie „Zenos Gewissen" oder „Senilità", ist als Statue als Spaziergänger auf der Piazza Attilio Hortis 30 verewigt, gleich gegenüber der Stadtbibliothek. In deren Räumlichkeiten befindet sich auch ein Svevo gewidmetes Museum, in dem unter anderem Original-Handschriften und Briefe aufbewahrt werden. Die dritte der Spagnoli-Statuen schließlich stellt* ***James Joyce*** *dar, der auf dem Ponte Rosso den Canal Grande 14 überquert. Abgesehen von dieser Bronzeskulptur ist dem Autor, der sich in Triest als Englischlehrer in der Berlitz School und Journalist bei der regionalen Tageszeitung Il Piccolo seinen Lebensunterhalt verdiente, und hier unter anderem Teile seines Werkes „Ulysses" verfasst hat, ein eigenes Museum (s. S. 64) in der Via Madonna del Mare im Cavana-Viertel gewidmet.*

hat sich zu einem sehr lebendigen **Ausgehviertel** entwickelt.

Links und rechts der **Via Cavana,** der Hauptquerung des Viertels und zu einem Gutteil Fußgängerzone, liegen die für diesen Teil der Stadt so charakteristischen kleinen Gässchen mit sehr speziellen Namen: Da erinnert die Via delle Mura daran, dass hier einmal die Stadtmauer war, die Via Tor Cucherna trägt den Namen eines Turms der alten Stadtmauer, die Via del Pesce oder die Via del Sale weisen darauf hin, dass hier einmal mit Fisch und Salz gehandelt wurde.

Im Zug der Renovierungsarbeiten rund um die **Piazza di Cavana** wurden Überreste des römischen Tergeste freigelegt, zum Beispiel Brunnen oder Fundamente von Wohnhäusern.

Entdeckungen außerhalb des Zentrums

Das Zentrum von Triest ist kompakt und übersichtlich und die wichtigsten Viertel kann man sich zu Fuß hervorragend erschließen. Doch auch jenseits der Altstadt, des Borgo Teresiano und des Borgo Giuseppino gibt es im weiteren Stadtgebiet von Triest viele interessante Plätze zu entdecken. Im Folgenden werden einige dieser besuchenswerten Orte vorgestellt – von der zeithistorisch relevanten Gedenkstätte San Sabba über den Leuchtturm mit seiner großartigen Aussicht und Barcola bis zum bekannten Wahrzeichen Miramare.

32 Risiera San Sabba (Gedenkstätte Risiera San Sabba) ★★★ [cj]

In der 1899 als Reismühle errichteten Risiera San Sabba, die bereits seit 1929 nicht mehr für ihren ursprünglichen Zweck genutzt worden war, wurde im Oktober 1943 ein **Lager der nationalsozialistischen Besatzer** eingerichtet.

Nach der italienischen Kapitulation 1943 wurde Friaul-Julisch Venetien von den Nationalsozialisten als „Operationszone Adriatisches Küstenland" annektiert. In Triest hatten es die deutschen Besatzer nicht leicht, ihre Präsenz zu festigen, und trafen auf organisierten **Widerstand unterschiedlicher Partisanenformationen.** Der berüchtigte, in Triest geborene SS-Führer Odilo Globocnik leitete brutale Säuberungsaktionen und Massaker.

Zunächst wurde auf dem Gelände der Risiera ein Kriegsgefangenenlager für italienische Soldaten eingerichtet, dann ein „Polizeihaftlager" zur Inhaftierung von Geiseln, Partisanen und anderen politischen Gefangenen sowie ein Anhaltelager für Deportationen, vor allem von Triestiner Juden, in die Konzentrations- und Vernichtungslager in Deutschland und Polen. Schließlich diente das Areal der ehemaligen Reismühle auch als **Vernichtungslager**. Zwischen 3000 und 5000 Menschen wurden hier unter dem Befehl des SS-Sturmbannführers Christian Wirth, der zuvor schon die Vernichtungslager Belzec, Sobibor und Treblinka geleitet hatte, ermordet. Zur Verbrennung der Leichen wurde im März 1944 der frühere Trockenofen der Reismühle zu einem Krematorium umgebaut. Die Risiera diente darüber hinaus auch als Lager für beschlagnahmte und geraubte Wertgegenstände.

Ende April 1945 gaben die deutschen Einheiten das Lager auf, das Krematoriumsgebäude und andere Teile wurden während ihres Rückzugs zerstört, um Spuren zu verwischen.

1965 wurde das Gelände der Risiera San Sabba zur **nationalen Gedenkstätte** erklärt und 1975 nach einer künstlerischen Umgestaltung nach Entwürfen des Architekten Romano Boico als Museum und Gedenkstätte der Öffentlichkeit zugänglich gemacht. Das zerstörte Hauptgebäude wurde zu diesem Zweck abgetragen, der zentrale Platz ist von einer elf Meter hohen Betonmauer umgeben, die den düsteren und bedrückenden Eindruck unterstreicht. Zu besichtigen sind unter anderem die unverändert belassenen 17 kleinen Zellen, in denen jeweils bis zu sechs Gefangene eingesperrt waren, und die schockierenden Todeszellen. In dem angrenzenden vierstöckigen Gebäude waren in großen Gemeinschaftsräumen Juden, Militärs und Zivilgefan-

Die Verfolgung der Triestiner Juden

Die jüdische Gemeinde war, auch als Konsequenz der offenen Einwanderungspolitik der Habsburger Monarchie, ein wichtiger Bestandteil der Triestiner Gesellschaft. Vor dem Zweiten Weltkrieg lebten rund 6000 Juden in der Stadt, die Gemeinde war eine der größten Italiens. Nach der Einführung der strikten italienischen „Rassengesetze" 1938 setzte nicht nur eine institutionelle Diskriminierung und Verfolgung ein, es häuften sich auch „spontane" Attacken auf Mitglieder der Gemeinde. Auch die Synagoge wurde wiederholt Ziel antisemitischer Angriffe, bis sie 1942 zu einem großen Teil einem Brandanschlag zum Opfer fiel. Zwar konnte die völlige Zerstörung verhindert werden, doch ein großer Teil des wertvollen Inventars ging verloren.

Ab Dezember 1943 verließen die ersten Deportationszüge Triest in Richtung Auschwitz, Bergen-Belsen und Ravensbrück, etwa 1200 Triestiner Juden fielen den Deportationen zum Opfer. Im März 1944 erklärten die deutschen Besatzer Triest für „judenfrei". 2018 - 80 Jahre nach Verkündung der italienischen Rassengesetze - wurden in Triest erstmals Stolpersteine („pietre d'incampio") zur Erinnerung an Opfer des Holocaust verlegt, unter anderem auf der Piazza Cavana, auf der Piazza della Borsa und an der Synagoge **21** *in der Via San Francesco.*

gene eingesperrt, die von hier aus in die Konzentrationslager von Dachau, Auschwitz und Mauthausen deportiert wurden. Im Innenhof, gegenüber den Zellen, befand sich der Verbrennungsofen. An seiner Stelle stehen heute eine Stahlplattform und eine Skulptur, die den aufsteigenden Rauch markieren soll. Für das Museumskonzept zeichnete der Triestiner Historiker Elio Apih verantwortlich, der die 1982 und 1998 erweiterte Ausstellung zusammenstellte.

› Via Giovanni Palatucci 5, Tel. 0432 821210, www.risierasansabba.it, Eintritt: frei, geöffnet: täglich 9–19 Uhr, Bus Linien 8 (Haltestelle Via di Servola) und 10 (Haltestelle Valmaura)

33 Faro della Vittoria (Leuchtturm) ★★★ [bg]

„Leuchte und erinnere an die 1915 bis 1918 zur See Gefallenen", lautet die pathetische Inschrift auf dem Faro della Vittoria, dem Siegesleucht-

041tr-fo©Roberto Carsi

Der Faro della Vittoria ist Leuchtturm und Siegerdenkmal zugleich

turm. Der monumentale Bau aus weißem Stein hat nämlich eine doppelte Funktion – er dient einerseits als Leuchtturm, andererseits gemahnt er als Denkmal an die im Ersten Weltkrieg gefallenen Matrosen.

Errichtet wurde das 1927 seiner Bestimmung übergebene Monument mit einer Höhe von 70 Metern vom Architekten Arduino Berlam auf den Resten eines Wachturms der österreichisch-ungarischen Festung **Kressich.** Die Reichweite seines Lichtstrahls beträgt rund 30 Seemeilen. Auf dem Unterbau steht die steinerne **Skulptur** eines Seemanns, die der Triestiner Bildhauer Giovanni Mayer (1863–1943) geschaffen hat. Unter der Statue befindet sich der Anker des legendären Zerstörers Audace (s. S. 38). Auf der Bronzekuppel des Turms thront eine Statue, die den Sieg personifizieren soll, die **Statua della Vittoria,** eine ebenfalls von Mayer entworfene Kupferskulptur. Die sieben Meter hohe Figur ist durch Zugseile gesichert, wodurch sie auch heftigen Bora-Böen (s. S. 39) standhält.

Von der zweiten Galerie des Leuchtturms aus hat man einen unvergleichlichen Fernblick auf den Golf und den Karst. Der Zugang ist für Gruppen von jeweils maximal fünfzehn Personen gestattet, die von einem Mitarbeiter begleitet werden. Bei ungünstigen Wetterbedingungen bleibt der Leuchtturm jedoch geschlossen.

› Strada del Friuli 114, Tel. 040 8798500, www.farodellavittoria.it, Eintritt frei, geöffnet April–Juni, Sept. Fr. 15–19, Sa./So. 10–13, 15–19, Juli/Aug. Mi–So. 10–13, 16–19, Okt. Fr. 15–18, Sa./So. 10–13, 15–18 Uhr, Bus Nr. 42, 44, 46 (Haltestelle Strada del Friuli) ab Piazza Guglielmo Oberdan

34 Barcola ★ [bg]

Zwischen den Triestiner Stadtteilen Roiano und Miramare liegt Barcola. Bereits zur Römerzeit sollen hier, in der vor der Bora gut geschützten Bucht, Villen errichtet worden sein, worauf archäologische Funde hinweisen. Später befand sich hier über Jahrhunderte ein kleines Fischerdorf.

Am Ende des 19. Jahrhunderts wurde Barcola zunehmend zu einem **Naherholungsgebiet** für die Triestiner, es entstanden mit dem Excelsior das erste Strandbad und elegante Villen.

Im kleinen Jachthafen von Barcola steht die Bronzeskulptur **Mula di Trieste** von Nino Spagnoli, ein junges Mädchen als Symbol für die Triestiner Jugend, die umgangssprachlich als *mula* (wörtlich: Maultier) bezeichnet wird.

Von Interesse ist auch die kleine Kirche **San Bartolomeo Apostolo,** die

088tr-as©Elena Degano

EXTRATIPP

Die Barcolana

Trieste, città della Barcolana – „Triest, Stadt der Barcolana“: Hinweisschilder an der Stadteinfahrt machen deutlich, welche Bedeutung der traditionellen Segelregatta beigemessen wird, die seit 1969 jedes Jahr im Oktober stattfindet und die Stadt und den Golf in ein Zentrum des Segelsports verwandelt. International bekannte Profi-Segler nehmen ebenso wie Amateure zu Hunderten an diesem Wettbewerb teil. Ein beeindruckendes Erlebnis ist die Barcolana nicht nur für die aktiven Sportler, sondern auch für Tausende von Zuschauern, die das Ereignis vom Ufer oder vom Karst aus verfolgen. Bereits Tage vor dem Wettbewerb, der von der Società Velica di Barcola e Grignano veranstaltet wird, verwandelt sich die Promenade von Barcola in ein Volksfest mit zahlreichen Ständen, Konzerten und Ausstellungen. Neben der Hauptregatta findet auch die Barcolina statt, ein Wettbewerb für Optimisten-Jollen mit jungen Sportlern zwischen 8 und 14 Jahren, und die Barcolana Classic, eine Regatta, bei der sich wappenführende historische Schiffe messen. Waren bei der ersten Barcolana 1969 nur rund 50 Schiffe angemeldet, sind es heute mehr als 2000 Boote mit insgesamt rund 25.000 Seglern.

› www.barcolana.it

Ende des 18. Jahrhunderts errichtet wurde. Deutlich älter als der Bau selbst ist die Rosette an der Fassade, die ihrem Stil nach aus dem 13. bis 14. Jahrhundert stammen dürfte.

Segler schätzen den Triestiner Golf nicht nur zur Regatta-Zeit

Ausflüge an die Triestiner Riviera

35 Muggia ★★ [bj]

Die kleine Hafenstadt Muggia liegt auf dem Weg von Triest zu den slowenischen Küstenorten auf der Halbinsel Istrien, wenige Kilometer von der slowenischen Grenze und 11 Kilometer vom Zentrum von Triest entfernt. Mit dem Auto ist Muggia in etwa 20 Minuten erreichbar, mit dem Bus (Nr. 20) in etwa 40 Minuten oder mit dem Linienschiff (Delfino Verde, s. S. 48) in etwa 30 Minuten.

Das **Borgo Lauro**, die Altstadt, ist gut erhalten. Von der alten Stadtmauer kann man noch den Turm und das Osttor ausmachen.

Auf dem Hauptplatz, der **Piazza Guglielmo Marconi**, steht der gotische **Dom** mit einer gotischen Fassade aus dem für die Gegend typischen „Karstmarmor“ (aus der Umgebung von Aurisina stammender Naturstein) und seiner auffallenden Rosette, in deren Mitte eine Madonna mit Kind dargestellt ist. Diesem gegenüber befindet sich der **Palazzo Comunale**, das Rathaus, dessen Arkaden und venezianisches Löwenrelief daran erinnern, dass Muggia lange Zeit unter venezianischer Herrschaft stand.

Folgt man von hier der Hauptgasse, dem Corso Puccini, durch die Altstadt und biegt in die Via della Torre ein, kommt man zur Kirche **San Francesco** aus dem 15. Jahrhundert, einem Beispiel franziskanischer Gotik. Hier gibt es das ganze Jahr über eine kleine Krippenausstellung.

Das ursprüngliche Dorf (Muggia Vecchia) befand sich nicht am Hafen, wo heute die Altstadt liegt, sondern auf einem nahe gelegenen Hügel. Hier zeugt noch die dreischiffige **Chiesa di Santa Maria Assunta** von der mittelalterlichen Ansiedlung. Auch wenn sie mehrmals umgebaut und erweitert wurde, ist der vorromanische Kern noch erkennbar.

Im archäologischen Park rund um die Kirche kann man die Überreste der mittelalterlichen Festung besichtigen.

Im Sommer ist Muggia wegen seiner **Bäder und Strände** eine populäres Ziel für Einheimische und Touristen. Hier befindet sich beispielsweise mit dem Bagno Punta Sottile der einzige Sandstrand der Provinz Triest.

Gastronomie

8 [bj] **Enoteca al Patriarca** €€, Calle Giacomo Puccini 12, Muggia, Tel. 338 7447191, geöffnet: Di.–Sa. 11–14 und 18–22, So. 12–14 Uhr. Sehr gemütliche kleine Trattoria mit köstlichen Fischspezialitäten. Es gibt nur wenige Tische, eine Reservierung ist zu empfehlen.

9 [bj] **Ittiturismo La Terrazza** €€, Molo Colombo 2, Muggia, Tel. 040 275331, www.ittiturismomuggia.com, geöffnet: April–Okt. Di.–Sa. 12–14.30 und 19–22 Uhr. Das Lokal der Fischereigenossenschaft im ersten Stock über der Fischhalle bietet Fisch und Meeresfrüchte zu attraktiven Preisen.

10 [bj] **Sal de mar** €€, Largo Nazario Sauro 10, Muggia, Tel. 040 9278908, geöffnet: Mitte April–Sept. tgl. 12–22, Okt.–März Mi.–Mo. 12–22 Uhr. Gemütliches Hafenlokal mit Schwerpunkt auf der Fischzubereitung. Auch vegetarische Gerichte stehen auf der Speisekarte.

EXTRATIPP

Delfino Verde

Den Ausflug von Triest nach Muggia kann man ganzjährig auch zur See machen: mit dem Motorschiff Delfino Verde, das zehnmal am Tag – an Sonn- und Feiertagen sechsmal – vom Molo Bersaglieri [C3] in Triest aus Muggia ansteuert (weitere Linien s. S. 127). Die Fahrtzeit beträgt ca. 30 Min, ein Ticket kostet 4,25 €. Andere Routen des Linienschiffes sind im Sommer Triest – Barcola – Grignano – Sistiana und Triest – Grado (Fahrtzeit nach Barcola ca. 15 Min., nach Grignano ca. 40 Min., nach Sistiana ca. 80 Min.).

› www.delfinoverde.it, www.triestelines.it

Miramare

Das Triestiner Wahrzeichen Miramare über der **Bucht von Grignano,** die etwa fünf Kilometer nordwestlich von Triest liegt, umfasst mehr als das märchenschlossartige Bauwerk mit seinem Museum, das über den Klippen thront. Auch der weitläufige Park und die Einblicke in die Meeresflora und -fauna im neuen wissenschaftlichen Museum in den ehemaligen Stallungen sind einen Besuch wert.

36 Castello di Miramare (Schloss Miramare) ★★★ [af]

Als bekanntes Wahrzeichen von Triest, etwas außerhalb des Zentrums gelegen, ist das Schloss Miramare eines der meistbesuchten Schlösser Italiens. Der weiße Bau, der über der Bucht von Grignano thront, ist durch den zur Zeit der Errichtung populären eklektizistischen Stilmix von klassizistischen, gotischen und mittelalterlichen Elementen gekennzeichnet. Von hier hat man einen spektakulären Blick über den gesamten Golf.

Das Schloss Miramare wurde zwischen 1855 und 1860 für Erzherzog Maximilian von Habsburg, den Bruder von Kaiser Franz Josef I., und seine Gattin Charlotte von Belgien errichtet. Die Entwürfe stammten vom Wiener Architekten Carl Junker, nach dem ein kleiner Fußweg zwischen Costiera und Meer am Rand des Schlossparks benannt ist.

Nur wenige Jahre verbrachte der spätere glücklose **Kaiser von Mexiko** in seinem großzügigen Triestiner Wohnsitz. Auf Drängen konservativer mexikanischer Adelskreise und unterstützt von Frankreich ebenso wie vom Vatikan ließ sich Maximilian zum Kaiser von Mexiko krönen, wofür er auf die österreichische Thronfolge verzichten musste. Dieses Abenteuer nahm einen tragischen Ausgang: 1864 brachen Maximilian und Charlotte nach Mexiko auf, wo sie weit weniger freundlich empfangen wurden als erwartet. Nach dem Abzug der französischen Truppen, die schon beim Eintreffen Maximilians nur wenige Gebiete unter Kontrolle hatten, wurde Maximilian im darauf folgenden Bürgerkrieg von den nationalistischen, von den Vereinigten Staaten unterstützten Rebellentruppen von Benito Juárez gefangengenommen und 1867 in Querétaro exekutiert. Charlotte, die ihrem Gatten sehr zur Annahme des mexikanischen Throns geraten haben soll, kehrte bereits

Miramare gehört mit seiner spektakulären Lage zu den meistbesuchten Schlössern Italiens

042tr-nb

1866 nach Europa zurück und versuchte vergeblich, beim Papst, bei Napoleon III. und bei Kaiser Franz Joseph um Unterstützung für die in Bedrängnis geratenen Truppen Maximilians zu werben. Nach Maximilians Tod lebte sie bis 1927, zunächst in Miramare, später in ihrer belgischen Heimat, Berichten zufolge in anhaltender Trauer und unter einer schweren psychischen Erkrankung leidend.

Um das Schicksal von Maximilian und Charlotte ranken sich **viele Gerüchte:** Unter anderem jenes, dass Maximilian und Juárez beide Freimaurer gewesen seien, Ersterer daher nur scheinbar erschossen wurde und ihm mit Unterstützung von Juárez in Wahrheit die Flucht nach El Salvador gelang, wo er noch viele Jahre gelebt habe. Oder die These, dass Charlotte nach ihrer Rückkehr nach Miramare einen mit dem belgischen Offizier Alfred van der Smissen gezeugten Sohn geboren haben soll, der später als Maxime Weygand in Frankreich als General Karriere gemacht haben soll.

Der **Rundgang** durch das Schloss führt im **Erdgeschoss** durch die Kajüten nachempfundenen Schlaf- und Arbeitsräume Maximilians, der Konteradmiral der österreichischen Kriegsmarine war. Es folgen die Bibliothek, das Arbeitszimmer und der Salon *(Salottino)* Charlottes, der ihr als Musikzimmer und Malatelier diente, ihre Schlaf- und Ankleidezimmer sowie der Windrosensaal *(Sala Progetti)*. Im **ersten Stock** ist die Wohnung des Grafen Amadeo d'Aosta zu besichtigen, der hier von 1930 bis 1937 lebte und in der das typische zeitgenössische Mobiliar erhalten ist. Ebenfalls auf dieser Ebene befinden sich der Fürstensalon, der Königssaal, in dem Maximilian die Annahme der mexikanischen Krone unterzeichnete, der Audienz- und Konversationssaal, ein chinesischer und ein japanischer Salon sowie der zwei Stockwerke hohe Thronsaal mit einer beeindruckenden gotischen Holzdecke. In diesen Repräsentationsräumen befinden sich zahlreiche Gemälde, darunter eine Reihe von biografischen Darstellungen wie das „Angebot der Krone Mexikos durch eine mexikanische Delegation", oder der „Besuch der Kaiserin Elisabeth im Schloss".

Die **von Franz und Julius Hoffmann ausgestalteten Wohn- und Prunkräume** von Maximilian und Charlotte wurden zum Teil erst nach deren Abreise nach Mexiko 1864 fertiggestellt.

Auch wer sich nicht in die in der Regel lange Schlange von Besuchern vor dem Museumseingang einreihen möchte, profitiert von einem Besuch des Schlosses – schon allein wegen des beeindruckenden Meerblicks von den frei zugänglichen **Terrassen** aus.

Den weitläufigen Park **37** soll der begeisterte Botaniker Maximilian selbst geplant haben. Zugänglich ist der Park über den Haupteingang „Viale Miramare" (von der Strada Costiera die Abzweigung Miramare nehmen) oder den Eingang „Grignano" (von der Strada Costriera Abzweigung Grignano Mare).

› Viale Miramare 349, Tel. 040 224143, www.castello-miramare.it, Eintritt: 8 €, ermäßigt 2 €, geöffnet: tägl. 9–19 Uhr (letzter Eintritt 18.30), bitte die Öffnungszeiten des Parks (s. S. 51) beachten. Ab saisonal unterschiedlichem Parkschluss ist nur der Eingang Viale Miramare geöffnet. Bus Linie 36 Richtung Grignano (Haltestelle Miramare)

▷ *Im 22 Hektar großen Park von Miramare gibt es viel zu entdecken*

37 Parco di Miramare (Schlosspark von Miramare) ★★★ [af]

Ebenso reizvoll wie eine Besichtigung des Schlosses ist ein Spaziergang durch den weitläufigen, ungefähr 22 Hektar großen Park von Miramare, der mit seinen zahlreichen, teils exotischen **Baum- und Pflanzenarten**, kleinen Pavillons, Teichen und in Serpentinen angelegten Spazierwegen zur Entspannung und Erholung einlädt.

Neben einheimischen mediterranen Bäumen und Sträuchern wie Lorbeer, Zypressen, Myrten, Holunder oder österreichischen Schwarzkiefern im Nordteil des Parks sind auch exotische Pflanzen bemerkenswert, etwa verschiedene Mammutbaumarten, kalifornische Zypressen, Gingkos und Libanon-Zedern.

Über den gesamten Park verteilt finden sich **Statuen aus dem 19. Jahrhundert** mit klassischen Motiven. Im zentral gelegenen „italienischen" Garten bietet das Caffé Massimiliano einen großartigen Blick von der Terrasse. Auf einem Steilhang über dem Meer stehen eine Reihe von Kanonen, ein Geschenk Leopolds II.

Bis vor einigen Jahren befand sich im Park auch ein **Denkmal Maximilians**, das 1875 auf der damaligen Piazza Giuseppina, heute Piazza Venezia, eingeweiht und nach der Angliederung von Triest an Italien in den Schlosspark verlegt wurde. Das über neun Meter hohe Bronzemonument zeigt Erzherzog Ferdinand Maximilian in Vizeadmiralsuniform. Inzwischen wurde die Statue aus dem Schlosspark wieder zurück auf die Piazza Venezia transferiert.

› Öffnungszeiten des Parks: Jan./Feb. 8–16 Uhr, März/Okt. 8–17 Uhr, April/Mai, Sept. 8–18 Uhr, Juni–Aug. 8–19 Uhr, Nov./Dez. 8–15 Uhr, Eintritt frei

081tr-bk

38 BioMa (Museum zur Meeres-Biodiversität) ★ [af]

Der Küstenstreifen zwischen dem Hafen von Grignano und Barcola wurde 1986 zum **Naturschutzgebiet Miramare** erklärt, das **vom World Wildlife Fund (WWF) Italien verwaltet** wird. **Begleitete Tauchgänge** in kleinen Gruppen und Seawatching eröffnen in diesem geschützten Gebiet den Besuchern einen Einblick in die vielfältige Meeresflora und -fauna des Golfs.

Wer sich nicht auf das Meer oder unter Wasser begeben möchte, kann im **BioMa Biodiversitario Marino** das nordadriatische Unterwasser-Ökosystem entdecken. Das wissenschaftliche Museum, das in den ehemaligen Stallungen des Schlosses untergebracht ist, setzt interaktive Technologien und virtuelle Realität ein und ermöglicht so einen interessanten Einblick in die Biodiversität des Golfs von Triest.

› Am Eingang zum Schlosspark von Miramare, Viale Miramare 345, Tel. 040 224346, Eintritt: 6 €, ermäßigt 4 €, Mitte Sept.-Juni Fr. 14-18, Sa./So. 10-18 Uhr, Juli-Mitte Sept. Mo./Do. 14-18, Di./Mi., Fr.-So. 9.30-18 Uhr, www.riservamarinamiramare.it

39 Duino mit Castello di Duino (Schloss Duino) ★★

Zwei gute Gründe gibt es, von Triest aus einen Ausflug nach Duino zu unternehmen – abgesehen von der schönen Fahrt auf der Costiera mit ihrem atemberaubenden Ausblick: Der **hübsche kleine Hafen** mit seinen Restaurants und das **Schloss**, das noch heute vom italienischen Zweig der Familie Thurn und Taxis (Torre e Tasso) bewohnt wird, die einen Teil des Schlosses öffentlich zugänglich hält. Der knapp 20 Kilometer von Triest entfernte Ort ist auch per Bus erreichbar (Linie 44, Haltestelle Duino).

Die **ursprüngliche Festung Duino**, von der nur noch einige Überreste bestehen, entstand im 11. Jahrhundert auf den Ruinen eines römischen Vorpostens. Im Ersten Weltkrieg weitgehend zerstört, wurde das Schloss in den 1920er-Jahren wieder aufgebaut. In den öffentlich zugänglichen Teilen des Schlosses sind in 18 Sälen vor allem **Objekte über die Geschichte der Familie Thurn und Taxis** ausgestellt wie Gobelins, Gemälde, historisches Mobiliar, Fotos und Dokumente, ebenso wie ein Hammerklavier aus 1810, auf dem Franz Liszt gespielt haben soll. Vom Turm aus dem 14. Jahrhundert aus genießt man einen reizvollen Ausblick über die Bucht. Wer mehr von dieser Atmosphäre genießen möchte, kann sich im **schlosseigenen Bed and Breakfast einmieten**, zwei Zimmer mit zwei Bädern und einer Küche stehen zur Verfügung.

Im **Schlosspark** befinden sich alte Statuen, einige archäologische Funde und ein Brunnen mit dem Familienwappen. Eine Besonderheit ist der **Bunker** aus dem Zweiten Weltkrieg, den 1943 Zwangsarbeiter für die deutsche Kriegsmarine in den Fels graben mussten, und der zur Vertei-

044tr-fo©GET

digung des Stützpunkts Sistiana gegen eine mögliche Landung der Alliierten gedacht war. Er wurde später als Luftschutzbunker genutzt. Nach Kriegsende wurde hier von der britischen Armee ein Treibstoffdepot eingerichtet. Seit 2006 ist der Bunker öffentlich zugänglich und beherbergt ein kleines Museum mit einigen historischen Dokumenten und Bildern in einem Saal in 18 Metern Tiefe.

Einen kulturellen Höhepunkt erlebte das Schloss Ende des 19. Jahrhunderts, als die Gräfinnen Therese Thurn-Hofer und Valsassina von Thurn und Taxis sowie deren Tochter Marie, die selbst literarisch tätige Frau des Prinzen Alexander von Thurn und Taxis, die europäische **Musik-, Kunst- und Literaturszene** hier versammelten: Johann Strauss, Franz Liszt, Mark Twain, Gabriele d'Annunzio und Hugo von Hoffmannsthal waren in Duino ebenso zu Gast wie Rainer Maria Rilke, der hier 1911 und 1912 die ersten beiden seiner berühmten Duineser Elegien schuf. Zwischen Letzterem und der Gräfin Marie gab es einen regen literarischen Briefwechsel, der zum Teil erhalten geblieben ist. 1918 wurden die Fürsten von Thurn und Taxis als Torre e Tasso in Italien eingebürgert. Aus Protest gegen die Einquartierung von britischen Soldaten nach dem Zweiten Weltkrieg soll das damalige Hausoberhaupt, Raymondo von Thurn und Taxis, in einem Zelt im weitläufigen Schlosspark gelebt haben. Heute bewohnt sein Sohn Alessandro mit seiner Familie das Schloss.

◁ *Das Castello di Duino inspirierte schon Musiker und Schriftsteller*

Auf den Klippen vor dem Schloss befindet sich die **Ruine der alten Burg** aus dem 11. Jahrhundert, Sitz der ersten Herren von Duino. Eine der steil ins Meer abfallenden Klippen heißt *dama bianca* („weiße Dame"). Der Legende nach soll die Dame die unglückliche Frau eines grausamen Lehnsherren gewesen sein, der seine Ehefrau von der Mauer der Burg hinunterstieß. Eine göttliche Fügung verwandelte ihren Körper in einen Felsen, bevor sie auf die Klippen traf, doch ihre Seele soll in manchen Nächten ruhelos umherirren.

› Via Castello di Duino 32, 34011 Duino-Aurisina, Tel. 040 208120, www.castellodiduino.it, Eintritt: 8 €, ermäßigt 6 bzw. 4 €, geöffnet: April–Sept. Mi.–Mo. 9.30–17.30, Anf.–Mitte Okt. Mi.–Mo. bis 17, Mitte–Ende März und Mitte–Ende Okt. Mi.–Mo. bis 16 Uhr, Nov.–Mitte März nur am Wochenende und an Feiertagen, während der Woche für Gruppen nach Vereinbarung

An Rainer Maria Rilke erinnert auch der **Rilkeweg** entlang der Felsen zwischen Sistiana und Duino, von dem aus sich ein Panoramablick auf die Bucht von Sistiana, den Golf von Triest und das Schloss bietet.

Von Duino aus bietet sich auch ein Abstecher in das **Villaggio del Pescatore** („Dorf des Fischers") an. Hier kann man nicht nur hervorragend Fisch und Meeresfrüchte essen, der kleine Küstenort ist auch paläontologisch Interessierten ein Begriff, denn hier wurde 1994 ein großes, fast komplett erhaltenes Skelett eines Dinosauriers entdeckt. Viele Informationen zu „Antonio", wie das Dino-Skelett getauft wurde, und eine ganze Reihe an weiteren Saurierfunden in diesem Gebiet gibt es im **Sito Paleontologico** zu bestaunen, einem am

Die Costiera

Die Strada Costiera, das letzte und spektakulärste Stück der SS14, der Verbindungsstraße zwischen Triest und Venedig, wurde 1928 eröffnet. In einem Ranking der Welttourismusorganisaton (WTO) zählt sie zu den schönsten Küstenstraßen der Welt, die mit dem Highway Number One an der kalifornischen Küste oder der Corniche über Nizza durchaus mithalten kann. Die ***elf Kilometer*** *lange Costiera verläuft hoch über dem Golf und bietet einen einzigartigen Panoramablick, den man am besten von den eigens dafür eingerichteten Parkbuchten (Belvedere) genießt. Immer wieder führen von der Costiera steile Wege hinunter zu wunderschönen kleinen Buchten am Meer, die zum Teil nur zu Fuß zu begehen sind. Drei „gallerie", also Straßentunnel, sind auffällige Markierungen im Verlauf der Küstenstraße. Zwei davon, jeweils rund 80 m lang, unterqueren den Schlosspark von Miramare. Eine dritte, die galleria naturale, wurde eindrucksvoll in den Fels der Steilküste gearbeitet, sie ist 52 m lang und 6,25 m hoch. Mit der Eröffnung der Autobahn Triest-Venedig 1966 wurde die Costiera deutlich entlastet, allerdings kann auch der Anrainerverkehr zu den Stoßzeiten und besonders im Sommer die kurze Fahrt zur Geduldsprobe machen.*

Fundort eingerichteten Informationszentrum (www.dinosauroantonio.it).

★11 **Sito Paleontologico,** Località Villaggio del Pescatore, Duino-Aurisina, Tel. 334 7463432, www.dinosauroantonio.it/sito-paleontologico.html, geöffnet: April–Juni, Sept. So. 10–18, Juli/Aug. So. 16.30–20.30, März, Okt./Nov. So. 10–17 Uhr, Dez.–Feb. nur nach Reservierung für Gruppen, Eintritt: 7 €, ermäßigt 5 €

Wer in Duino ist, kann die Gelegenheit auch nutzen, um einen Abstecher zur **Mündung des Timavo** zu machen. Nach seinem unterirdischen Lauf durch den Karst tritt der Fluss nahe San Giovanni di Duino/Stivan, unweit des Schlosses, wieder ans Tageslicht und mündet hier in den Golf. Am Ende der Ortschaft Duino, bei der Forstmeisterei, führt ein Weg zu den Überresten einer **Tempelgrotte,** die dem Gott Mithras geweiht war – eine der wenigen erhaltenen Stätten des Mithraskults in Europa. Die Besichtigung ist nur donnerstagvormittags möglich.

› **Grotta del Mitreo,** Grotta V.G. 4024, Duino-Aurisina, Tel. 040 4261411, geöffnet: Sa. 10–12 Uhr, an anderen Tagen Besichtigungen nur nach Vereinbarung mit Soprintendenza del Friuli-Venezia Giulia (Tel. 040 4527511), Eintritt frei

Gastronomie

12 **Alla Dama Bianca** €€€, Duino 61c, www.alladamabianca.com, Tel. 040 208137, geöffnet: Do.–Di. 12–14.30 und 19–21.30 Uhr. Direkt am Hafen gelegen hat das Fischrestaurant unter Triest-Besuchern Kultstatus. Es werden auch sieben Zimmer vermietet und das Haus hat ein kleines Strandbad.

13 **Al Cavalluccio** €€, Duino Porto 61, www.alcavalluccio.com, Tel. 040 208133, www.alcavalluccio.net, geöffnet: Mi.–Mo. 12–15 und 19–22 Uhr. Im Hafen von Duino gelegen, kleiner und weniger bekannt als die benachbarte „Dama Bianca", aber ebenso hervorragende istrianische Fischküche. Drei Zimmer bieten eine (häufig ausgebuchte) Übernachtungsmöglichkeit.

Ausflüge in den Triestiner Karst

Der Triestiner Karst (Carso Triestino) ist eine Hochebene oberhalb von Triest, die sich über rund 10 mal 30 Kilometer erstreckt und von einem durchlässigen, wasserlöslichen Kalkstein geprägt ist, in dem Oberflächenwasser versickert. Die besonderen Eigenschaften des Gesteins sind für die typischen Karstphänomene verantwortlich, z. B. die mehr als 2500 Grotten und Höhlen oder die Dolinen, tiefe Senken, die durch das Einbrechen von Höhlen entstanden sind. Die Doline Val Rosandra ist ein regelrechter in den Kalk- und Sandstein tief eingeschnittener Canyon.

Der Karst, auf dem das Klima trocken, rau und hart ist, hat eine vielfältige und zum Teil nur hier zu findende **Flora und Fauna.** Die Blütezeit beginnt bereits Ende Februar mit Krokussen und endet im Herbst mit üppigem Bohnenkraut. Im Karst leben unter anderem Hasen, Dachse, Marder, Rotwild, Wildschweine und Füchse sowie zahlreiche Fledermausarten, die in den Karsthöhlen ein optimales Umfeld finden. Zu den hier lebenden Reptilien gehören die Smaragdeidechse, die Gelbgrüne Zornnatter sowie die giftige Hornviper. Zu beobachten sind auch Greifvögel wie der Turmfalke, der Mäusebussard, der Schlangenadler und der Uhu.

Ausflüge in den Karst sind in mehrfacher Hinsicht attraktiv – landschaftlich wegen der beeindruckenden Dolinen, Höhlen und Karstheiden, kulinarisch wegen der urigen Gasthöfe, der Osmize, in denen die Weinbauern ihren eigenen Wein ausschenken, oder der Olivenöl-, Schinken- und Käseproduzenten.

Der Triestiner Karst ist ein **zweisprachiges Gebiet**, wobei in vielen der Karstdörfer die slowenische Volksgruppe die Bevölkerungsmehrheit bildet. Die Ortsschilder sind in Italienisch und Slowenisch beschriftet. Eine schöne Route, die geeignet ist, den Karst zu erkunden, ist die **Weinstraße „Strada del Vino Terrano"**, die von Opicina 40 aus durch malerisch gelegene **Karstdörfer wie Prosecco, Santa Croce, Rupinpiccolo und Monrupino** 45 führt.

Eine kulinarische Besonderheit im Karst sind die typischen Buschenschenken oder **Osmize** (s. S. 69), in denen Weinbauern über einen begrenzten Zeitraum im Jahr ihre eigenen Produkte anbieten.

045tr-RZPR

› *Seine zerklüftete Landschaft ist für den Triestiner Karst typisch*

40 Opicina ★ [cg]

Der auch Villa Opicina genannte **Karstvorort** liegt rund 4 Kilomenter vom Zentrum von Triest entfernt unmittelbar an der Grenze zu Slowenien. Einen großen Bevölkerungsanteil stellt hier die slowenischsprachige Minderheit. Die katholische Kirche im Ortszentrum ist dem heiligen Bartolomeus gewidmet.

Ein **kulinarisches Highlight** für Mehlspeisenliebhaber in Opicina ist das **Saint Honorè** (s. S. 79), eine kleine, feine Konditorei. 1992, als die Straßen- und Standseilbahn, die Triest mit Opicina verbindet, ihren 90. Geburtstag feierte, wurde hier ein spezielles Schokokonfekt in Form eben dieser Tram kreiert – bis heute Topseller des Sortiments.

41 Obelisco di Opicina (Obelisk von Opicina) ★ [cg]

Vom Zentrum von Triest kommend vor der Einfahrt nach Opicina steht ein mächtiger Obelisk, der 1830 vom Corpo Mercantile, der Triestiner Kaufmannschaft, zu Ehren von Kaiser Franz I. errichtet wurde.

Anlass war die Eröffnung der **Strada Nuova per Opicina**, die Triest mit Laibach und somit mit Österreich verband.

Vom Obelisk aus startet auch der Panoramaweg **Napoleonica**, der einen spektakulären Blick auf Triest und den Golf bietet. Der Weg wurde – daher auch der Name – unter Napoleon als Transportweg für seine Truppen errichtet. Der Panoramaweg ist etwa vier Kilometer lang und führt ohne Steigungen vom Obelisken bis ins Karstdorf Prosecco – immer parallel zum Meer, was für den einzigartigen Ausblick sorgt.

42 Grotta Gigante ★★★ [bf]

Die Grotta Gigante gehört mit einem Volumen von etwa 365.000 Kubikmetern zu den größten Schauhöhlen der Welt und ist ein beliebtes Ausflugsziel im Dorf Borgo Grotta Gigante.

Zu sehen sind zahlreiche **Tropfsteine** – Stalagmiten und Stalaktiten – sowie Sinterbildungen aus Kalzit. Zu den wichtigsten dieser Tropfsteine zählen die sieben Meter hohe „Palme“ und die 12 Meter hohe „Rüdigersäule“, die vier Meter Durchmesser hat. Besonders beeindruckend ist die Farbvielfalt der Tropfsteine und Höhlenwände, die von intensivem Rot über Gelbtöne bis zu strahlendem Weiß reicht.

Eine **Besichtigung** ist nur im Rahmen einer etwa eine Stunde dauernden Führung möglich und durchaus herausfordernd – immerhin sind im Rahmen des Rundgangs mehr als 100 Höhenmeter und beim Auf- und Abstieg rund 500 Stufen zu bewältigen. Neben guten Schuhen sollte man sich auch mit warmer Kleidung ausrüsten, die Innentemperatur beträgt das ganze Jahr über rund 11 Grad Celsius.

Auch wer diesen Rundgang zu Fuß nicht bewältigen kann, muss auf die Eindrücke aus dem Inneren der Erde nicht verzichten, im **Besucherzentrum** der Grotte wird auch ein virtueller Höhlenbesuch angeboten. Das Besucherzentrum umfasst neben dem Multimedia-Raum, in dem dieser virtuelle Höhlenbesuch geboten wird, auch einen Museumsbereich mit höhlenkundlichen, geologischen und paläontologischen Ausstellungsstücken und einen als Warteraum genutzten Bereich, dessen überdachte Verlängerung bis zum Höhleneingang reicht.

Die Höhle wurde **1840 von Anton Friedrich Lindner entdeckt**, und zwar auf der Suche nach dem unterirdischen Verlauf des Timavo, der für die Wasserversorgung von Triest genutzt werden sollte. Zu Beginn des 20. Jahrhunderts wurde der Eingang vergrößert und der Club Turisti Triestini gestaltete die Grotte und öffnete sie erstmalig 1908 für Besucher. Seit 1924 ist die **Società Alpina di Giulia**, die Triestiner Sektion des italienischen Alpenvereins, Eigentümerin der Höhle.

Interessant ist die Grotte unter anderem, weil sich hier in der Isolation eine ganz besondere **Flora und Fauna** ausgebildet hat. So lebt hier etwa eine spezielle Grottenolm-Art (Proteus anguinus) mit einem besonders hohen Grad von Anpassungsfähigkeit an das unterirdische Leben ohne Licht. Das Amphibium ist weiß, reagiert hochsensibel auf das ihm ungewohnte Licht und hat völlig unterentwickelte Augen, da es in der Dunkelheit das Sehorgan nicht benötigt. Die Grotta Gigante ist auch ein **Wissenschaftsstandort**, in der Höhle befinden sich zwei geodätische Pendel, hoch sensible Instrumente zur Messung der Erdgezeiten, sowie eine Wetter- und Erdbebenstation.

› Borgo Grotta Gigante 42 A, 34010 Sgonico, Tel. 040 327312, www.grottagigante.it, geöffnet: Juli/Aug. tägl. zu jeder vollen Stunde von 9 bis 17 Uhr, April–Juni, Sept. Di.–So. von 9 bis 17, Okt.–März Di.–So. von 10 bis 16 Uhr, Eintritt: 12 €, ermäßigt 9 €. Das **Museum** der Riesengrotte ist an den Betriebstagen in der Wintersaison von 10 bis 16 Uhr und in der Sommersaison von 9 bis 17 Uhr bei freiem Eintritt geöffnet. Der Bus Nr. 42 fährt ab der Piazza Guglielmo Oberdan bis zur Haltestelle Borgo Grotta.

Die Grotta Gigante ist mit einem Volumen von 365.000 m³ eine der größten Schauhöhlen der Welt

43 Santuario Nazionale a Maria Madre e Regina di Montegrisa (Marienwallfahrtskirche Montegrisa) ★ [bf]

Weithin sichtbar steht die wegen ihrer architektonischen Gestaltung durchaus **umstrittene Marienwallfahrtskirche** über Triest und dem Golf. Offiziell geht die Errichtung des monumentalen Bauwerks auf ein Gelübde des Bischofs von Triest zurück – für die Rettung der Stadt im Zweiten Weltkrieg.

Es soll aber auch noch ein inoffizielles Ziel verfolgt worden sein, nämlich gut sichtbar den Bewohnern des damaligen Jugoslawiens, das kommunistisch geprägt war, eine katholische Pilgerstätte vorzuführen. Belegt ist jedenfalls, dass 1959 Papst Johannes XXIII. die Zustimmung zum Bau einer Wallfahrtskirche als **„Symbol für Frieden und Einheit der Völker“** gab. 1960 wurde das **Abbild der Gnadenmadonna von Fátima**, die zu Beginn des vorigen Jahrhunderts in dem portugiesischen Ort erschienen sein soll, vom Bischof von Fátima persönlich nach Triest gebracht. Die Statue steht heute in einem Seitenaltar der Kirche.

Der Bau der Kirche wurde 1963 begonnen und 1966 abgeschlossen. Das Gotteshaus ist eine typisches Beispiel der **„modernen“ Kirchenarchitektur** der 1960er- und 1970er-Jahre, ein pyramidenartiger Betonbau mit wabenartiger Fassade, dem man sein Alter mittlerweile durchaus ansieht und der schrittweise mit Metall verkleidet wird. An der Meerseite der Kirche kann man von Bänken aus einen großartigen Ausblick genießen.

› Località Contovello 455, Tel. 040 225290, www.montegrisa.org, geöffnet: tägl. 7.30–19.30 Uhr, Bus Nr. 42 (Haltestelle Borgo San Nazario – Monte Grisa)

44 Giardino Botanico Carsiana (Botanischer Garten Carsiana) ★★ [be]

Der Botanische Garten Carsiana wurde in den 1960er-Jahren auf Initiative einer Gruppe von Botanikern gegründet. **Mehr als 600 im italienischen und slowenischen Karst heimische Pflanzenarten** sind hier auf einer 5000 m² großen Ausstellungsfläche zu bewundern. Sie sind nicht nach ihren botanischen Eigenschaften gruppiert, sondern entsprechend den **Landschaftstypen**, in denen sie ursprünglich vorkommen. So kann man etwa die Flora einer Karstdoline oder anderer typischer Karstphänomene besichtigen. Zu den verbreiteten Pflanzenarten der Karstheiden zählen unter anderem der Ganzfahnige Ginster, der Türkenbund oder der Gewöhnliche Perückenstrauch, der dem Karst im Herbst die typische rot-orange Farbe verleiht. Es steht mehrsprachiges Informationsmaterial für individuelle Besichtigungen zur Verfügung, Besucher können sich aber auch Führungen anschließen oder spezielle Gruppenbesichtigungen buchen.

› Sgonico 55, www.giardinobotanicocarsiana.it, Tel. 389 5870090, geöffnet: 21.3.–9.6. tgl. 10–13, Do.–So. auch 15–19 Uhr, 10.6.–22.9. Di.–So. 10–13, Do.–So. auch 15–19 Uhr, 23.9.–14.10. Di.–So. 10–13, Fr.–So. auch 15–19 Uhr, 15.10.–3.11. Di.–So. 10–13, Fr.–So. auch 14–18 Uhr, Eintritt frei, Bus Nr. 46 (Haltestelle Sgonico)

45 Monrupino ★★ [ce]

Die **Festung von Monrupino** liegt auf einem Karsthügel, von dem aus man auf der einen Seite den Triestiner Karst und auf der anderen das angrenzende slowenische Tal sieht. Die

Die Foibe – Narben der Zeitgeschichte

Im Karst gibt es unzählige „foibe", tiefe, oft nur sehr schwer zugängliche Karstschluchten mit steilen Wänden. Zeitgeschichtlich zu tragischer Berühmtheit gebracht hat es vor allem die Foiba von Basovizza, einem Ort direkt an der heute offenen slowenischen Grenze.

Die nationale Gedenkstätte ***Foiba di Basovizza*** *an der Straße von Basovizza nach San Lorenzo Jezero erinnert an die Ermordung Tausender in dieser und anderen Schluchten des Karst. Die Gedenkstätte ist ein Symbol sowohl für die zwischen 1943 und 1945 verübten Massaker der Deutschen als auch für die nach der Befreiung 1945 von Jugoslawen verübten Morde. Die Foiba von Basovizza ist diesbezüglich eine der berüchtigtsten Schluchten in der Nähe von Triest, in die bereits die Faschisten ihre ermordeten Gegner geworfen hatten. Nach dem September 1943 stieg die Zahl der Opfer in die Tausende. Eine genaue Zahl der Opfer ist nicht bekannt. In den ersten Maiwochen 1945 wurden von jugoslawischen Partisanen zahlreiche Mitglieder des Verwaltungsapparats und der faschistischen Parteien und Organisationen wie slowenische Domobranci oder kroatische Ustaše in den Foibe ermordet. Opfer der brutalen Racheakte wurden aber auch vermeintliche oder tatsächliche Kollaborateure, italienfreundliche Slowenen und italienische Partisanen, die sich gegen den Anschluss Triests und des Umfelds an Jugoslawien wehrten.*

1992 wurde die nationale Gedenkstätte für alle Opfer eingeweiht, seit dem Jahr 2006 gibt es dort ein von der Kommune Triest eingerichtetes Besucherzentrum.

★**14** ***Centro di documentazione,*** *Strada Statale 14 - Località Basovizza, http://deu.triestecultura.it/luoghi/index/id/42, Tel. 040 365343. Die Gedenkstätte ist frei zugänglich, das Besucherzentrum Centro di documentazione ist geöffnet: März–Juni täglich 10–18 Uhr, Juli–Feb. tägl. außer Mi. 10–15 Uhr, Eintritt frei, Bus Nr. 39 (Haltestelle Basovizza).*

Festung ist eines der wenigen weitgehend erhaltenen **Castelliere**, jener befestigten Dörfer, die im Karst verbreitet waren und die Karstbevölkerung vor Angriffen schützten. Die pittoreske Kirche **Santa Maria di Repen**, die Teil der Festung ist, wurde im frühen 14. Jahrhundert erstmals urkundlich erwähnt. Die mehrmals umgebaute und restaurierte heutige Struktur dürfte allerdings aus dem frühen 16. Jahrhundert stammen.

In der Nähe der Festung befinden sich die **Naturschutzgebiete von Monte Lanaro und Monte Orsario** sowie – eine besondere Kuriosität – eine alte *jazera*, eine zylindrische Zisterne, in der Eisblöcke aus einem in der Nähe gelegenen kleinen Teich lange aufbewahrt werden konnten.

Monrupino ist die kleinste Gemeinde der Provinz Triest und besteht aus den Ortschaften Zolla, Fernetti und Rupingrande.

Im Ortsteil **Rupingrande** kann man ein traditionelles Karsthaus besichtigen (**Casa Carsica**), mit der Originaleinrichtung, Hausrat sowie Trachten, vorwiegend aus dem 19. Jahrhundert – allerdings nur von April bis Oktober und nur sonntags, dafür aber bei freiem Eintritt.

› **Casa Carsica,** Repen/Rupingrande 31, Monrupino, Tel. 040 327122, www.kraskahisa.com, geöffnet: April–Nov. an Sonn- und Feiertagen 11–12.30 und 15–17 Uhr. Nach Absprache ist ein Besuch auch zu anderen Zeiten möglich. Eintritt frei.

Gastronomie und Shopping

15 [ce] **Agriturismo Milic** €, Sagrado 2, Sgonico, www.agriturismomilic.it, Tel. 040 229289, geöffnet Fr.–So. 12–23 Uhr, Reservierung empfohlen. Bauerngut im Karst, zwischen Rupinpiccolo und Rupingrande, mit einigen Zimmern und einer Wirtschaft, in der regionale Köstlichkeiten serviert werden: Hausweine, Wurst- und Schinkenspezialitäten aus eigener Produktion, typische Gerichte aus der Karstküche – ein Ausflug, der jedenfalls kulinarisch lohnt.

16 **Azienda Agricola e Frantoio Oleario Parovel,** Zona Artigianale Dolina 546, 34018 San Dorligo della Valle, Tel. 040 227050, www.parovel.com, geöffnet: Mo.–Fr. 8–13 und 13.30–16.30 Uhr. Die Geschwister Parovel produzieren regionale Weinsorten wie Vitovska, Terrano und Malvasia, hochwertiges Olivenöl und besondere Spezialitäten wie Olivenöl-Kekse, Pralinen mit Olivenöl oder Olivenlikör.

17 **Azienda Agricola Zobec,** Bagnoli della Rosandra 244, 34018 San Dorligo della Valle, Tel. 040 8325063, www.zobec.it, Ab-Hof-Verkauf jeden Fr./Sa. 8.30–12.30 Uhr. Bei Edi Zobec bekommt man köstlichen geräucherten Fisch, allerdings keine der Arten aus dem Golf von Triest, sondern den von ihm selbst gezüchteten schottischen Lachs. Einkaufen kann man das ganze Jahr über, außer im Januar und Juli. Zwischen Mai und September betreiben Zobec und seine Frau an den Wochenenden darüber hinaus eine „Lachs-Buschenschank“, in der man zum Fisch auch selbstgebrautes Bier serviert bekommt.

18 **Fattoria Carsica Bajta,** 34010 Sgonico, Sales 108, Tel. 040 2296090, www.bajta.it, geöffnet: Osmiza Do.–Sa., 10–24 Uhr, So. 10–17 Uhr, Laden Mi. 14–18, Do./Fr. 9–14, Sa. 9–17, So. 9–13 Uhr. Die Familie Skerlj, die hier eine Landwirtschaft samt Fleischerei betreibt, züchtet vorwiegend schottische Hochlandrinder und Schweine, die zu Würsten, Speck und Karstschinken verarbeitet werden. Auch die Karst-Rebsorte Vitovska wird hier angebaut. Man kann in der Fattoria nicht nur einkaufen, sondern auch in der angeschlossenen Osmiza einkehren.

19 [de] **Il Carso** €, Via Zolla 1, Col Monrupino, Tel. 040 327113, www.ristorantecarso.it, geöffnet Mo., Di., Do. und Fr. 18–22, Sa. und So. 12–22 Uhr. Sympathisches, populäres Karstgasthaus. Das aktuelle Angebot steht hier nicht auf einer Speisenkarte, sondern auf einer großen Tafel, die zum Tisch gebracht wird. Empfehlenswert sind zum Beispiel Gnocchi aller Art oder die Karst-Spezialiät paniertes Huhn.

20 [af] **Trattoria Sociale di Prosecco** €€, Località Prosecco 280, Tel. 040 225039, geöffnet: tägl. außer Mi. nachmittags 8–23 Uhr, Küche 12–15 und 19–23 Uhr. Eine unscheinbare, unprätentiöse Trattoria im Karstdorf Prosecco, die mit einfacher Karstküche wie Schinken, Liptauer, Pasta mit Wildschweinragout oder Gulasch, Teigtaschen mit Ricotta-Birnen-Füllung oder Ćevapčići und Ražnjići aufwartet: ein erfreuliches Angebot. Im Sommer im schattigen Gastgarten unter alten Bäumen.

TRIEST ERLEBEN

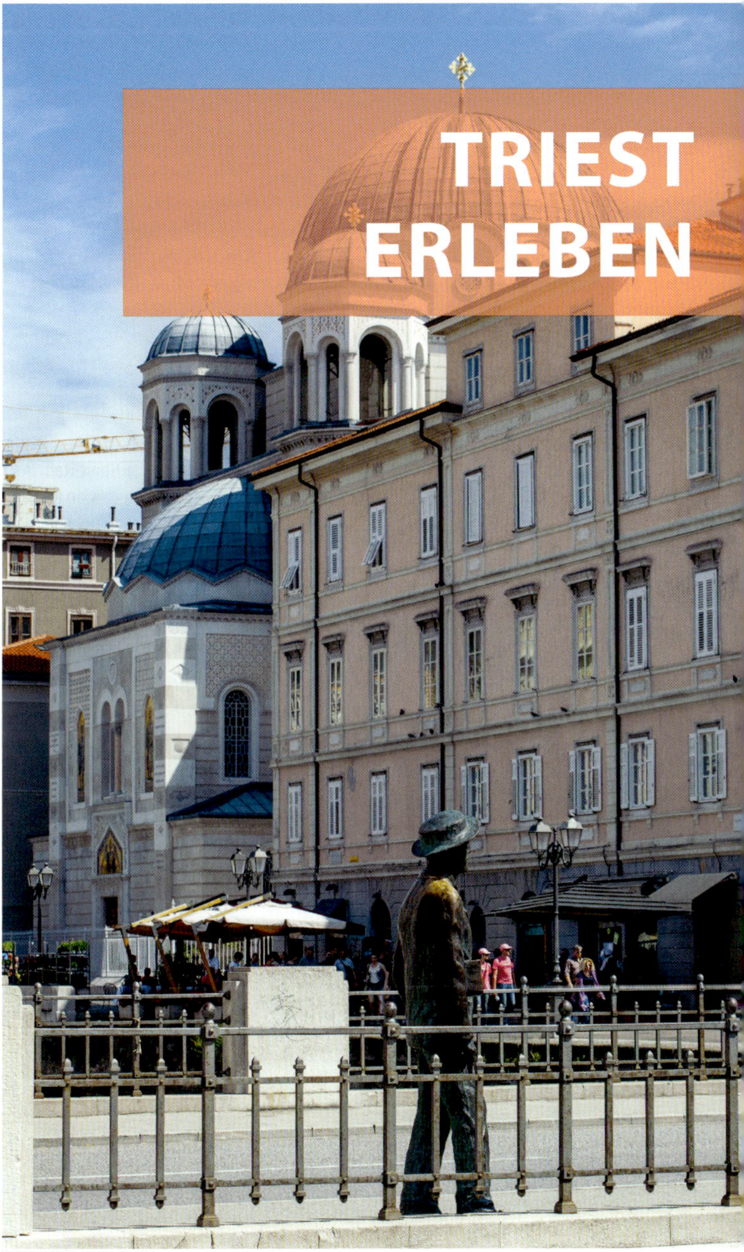

047tr-fo©Giuseppe Anello

Triest für Kunst- und Museumsfreunde

Weithin bekannte „Musts" wie die Uffizien in Florenz oder die Sammlung Guggenheim in Venedig mag Triests Museenlandschaft vielleicht nicht zu bieten haben. Dafür aber eine Vielfalt an Sammlungen, die man selbst bei einem längeren Besuch nicht erschöpfend erkunden kann. Die Palette reicht von den historischen Museen, die sich auf dem Stadthügel von San Giusto konzentrieren, über die Sammlung zeitgenössischer Kunst im Museo Revoltella bis zu den Sammlungen in einer Reihe bürgerlicher Palazzi. Dazu kommen mehrere Spezialmuseen.

Mit der FVG Card (s. S. 116) hat man die Möglichkeit, einige Museen kostenlos zu besichtigen. Eine Reihe von Museen bietet am ersten Sonntag im Monat freien Eintritt.

› Unter **http://deu.triestecultura.it** sind die Triestiner Museen übersichtlich gelistet.

Museen

21 [E4] **Alinari Image Museum,** Piazza della Cattedrale 3, Tel. 040 631978, www.imagemuseum.eu, geöffnet: Di.–Fr. 10–13, 16–19 Uhr, Eintritt 6 € (inklusive Eintritt zu den Maueranlagen des Schlosses), ermäßigt 5€. Das jüngste unter den Museen auf dem Hügel San Giusto zeigt nicht nur eine beeindruckende Schau historischer und zeitgenössischer Fotografien oder die Geschichte der Fotografie. Ein didaktisches Programm führt in die vielen Facetten der digitalen Bilder ein, im 3D-Bereich wird diese Technologie anschaulich erklärt und fassbar gemacht. Das Alinari-Archiv umfasst mehr als 50.000 digitalisierte Bilder.

22 [C4] **Civico Museo della Civiltà Istriana, Fiumana e Dalmata (Museum zur Kultur Istriens, Rijekas und Dalmatiens),** Via Torino 8, Tel. 040 639188, geöffnet: Okt.–März Di.–Do. 10–13, Fr./Sa. 14–17, So. 10–17 Uhr, April–Sept. Do.–So. 10–17 Uhr, Eintritt: 6 €, ermäßigt 4 €. Auf einer Fläche von mehr als 2000 Quadratmetern werden Fotos, Originaldokumente und andere Objekte zur Geschichte und Kultur der italienischsprachigen Bevölkerung Istriens, Dalmatiens und der Kvarner Bucht vor Rijeka ausgestellt. Ein Großteil der in diesen Regionen ursprünglich ansässigen italienischen Minderheit verließ zum Teil schon nach dem Ersten Weltkrieg, insbesondere aber nach dem Zweiten Weltkrieg bis 1954 die Region und wanderte nach Italien aus.

› **Civico Museo del Mare (Meeresmuseum)** im Magazzino 26 (s. S. 37), www.museodelmaretrieste.it, Tel. 040 304885, geöffnet: Fr.–So. 10–19 Uhr, Eintritt: 4,50 €, ermäßigt 3 €. Der großen Bedeutung, die die Schifffahrt von jeher für Triest hatte, wird das städtische Meeresmuseum gerecht. Das Museum wird weiter aufgewertet und im Zuge der Revitalisierung des Alten Hafens in erweiterter Form im **Magazzino 26** angesiedelt. Dies soll bis 2023 umgesetzt sein. **Ein Teil der umfangreichen Sammlung,** nämlich jener, der der Geschichte der Schifffahrtsgesellschaft Lloyd gewidmet ist, kann bereits besichtigt werden.

23 [F2] **Civico Museo del Risorgimento e Sacrario di Oberdan (Museum des Risor-**

◁ Vorseite: Die Bronzestatue auf dem Ponte Rosso (15) erinnert an den Schriftsteller James Joyce, der einen Teil seines Lebens in Triest verbrachte

gimento), Piazza Guglielmo Oberdan – Via XXIV Maggio 4, Tel. 040 6754068, http://museodelrisorgimentotrieste.it, geöffnet: Do.–So. 10–17 Uhr, Eintritt: frei. Das Gebäude, das das Museum beherbergt, wurde vom Architekten Umberto Nordio zwischen 1931 und 1935 speziell für diesen Zweck errichtet. Hier kann man Objekte, Dokumente und Fotos sehen, die an das Risorgimento (s. S. 101) erinnern, also die italienische Nationalbewegung des 19. Jahrhunderts, die eine Vereinigung der verschiedenen Fürstentümer und Regionen auf der Halbinsel zu einem italienischen Nationalstaat anstrebte. Gleich beim Eingang ist eine Rekonstruktion der Gefängniszelle zu besichtigen, in der Guglielmo Oberdan eingesperrt war, bevor er für einen Attentatsversuch auf Kaiser Franz Josef von Österreich hingerichtet wurde.

M 24 [E4] **Civico Museo di Storia ed Arte (Museum für Kunst und Geschichte),** Piazza della Cattedrale 1, Tel. 040 310500, www.museostoriaeartetrieste.it, geöffnet: Okt.–März Di.–So. 10–17, April–Sept. Di.–So. 10–19 Uhr, Eintritt frei. Das Städtische Museum für Kunst und Geschichte und der dazugehörige Steingarten (Orto Lapidario) befinden sich im Museumskomplex auf dem Stadthügel San Giusto und sind vor allem der Archäologie gewidmet – von einer ägyptischen bis zu einer ur- und frühgeschichtlichen Sammlung. Auf dem ehemaligen Friedhof von San Giusto ist der sogenannte Steingarten eingerichtet, in dem Statuen und Fragmente aus der Römerzeit zu besichtigen sind. Auf einer der Terrassen des Gartens, in einem kleinen Tempel, befindet sich das Scheingrab (Kenotaph) des deutschen Archäologen Johann Joachim Winckelmann, der auf der Reise von Wien nach Rom in Triest Zwischenstation machte und hier ermordet wurde.

M 25 [ci] **Civico Museo di Storia Naturale (Naturhistorisches Museum),** Via dei Tominz 4, Tel. 040 6754603, www.museostorianaturaletrieste.it, geöffnet: tägl. außer Di. 10–17 Uhr, Eintritt: 3 €, ermäßigt 2 €. Das naturhistorische Museum von Triest besteht seit Mitte des 19. Jahrhunderts und stellt Objekte aus der Zoologie, Botanik, Mineralogie und Geologie aus. Interessant sind die paläontologische Sammlung mit Funden aus dem Karst und, als besondere Attraktion, die Fossilienreste eines rund 75 Millionen Jahre alten Dinosauriers, die im Villaggio del Pescatore in der Nähe von Duino gefunden wurden.

M 26 [F3] **Civico Museo Morpurgo,** Via Matteo Renato Imbriani 5, Tel. 040 6754068, www.museomorpurgo.it, geöffnet: Di. 9–13 Uhr, Eintritt frei. Auf 600 Quadratmetern in einem Gründerzeithaus im Borgo Teresiano kann man die authentische Einrichtung der ehemaligen Wohnung des jüdischen Bankierehepaars Morpurgo sehen, eine wertvolle Gemäldesammlung inklusive. Um der Enteignung durch die Faschisten zu entgehen, hatte die Familie Morpurgo ihren Besitz in eine Stiftung eingebracht und an die Stadt Triest vererbt, mit der Auflage, die Sammlung für die Öffentlichkeit zugänglich zu halten.

M 27 [C4] **Civico Museo Sartorio,** Largo Papa Giovanni XXIII 1, Tel. 040 301479, www.museosartoriotrieste.it, geöffnet: April–Sept. Do.–So. 10–17, Okt.–März Di.–Do. 10–13, Fr./Sa. 14–17, So 10–17 Uhr, Eintritt frei. Ähnlich wie im Museo Morpurgo kann man auch hier eine vollständig eingerichtete bürgerliche Wohnung besichtigen, ebenso wie die Kunstsammlung der Bankiersfamilie Sartorio.

M 28 [E2] **Civico Museo Teatrale Carlo Schmidl (Städtisches Theatermuseum Carlo Schmidl),** Via Gioacchino Rossini 4, Tel. 040 6754068, www.museoschmidl.

it, geöffnet: Di.–So. 10–17 Uhr, Eintritt: 4 €, ermäßigt 3 €. Direkt am Canal Grande im Palazzo Gopcevich gelegen, ist eine Anlaufstelle für Musik- und Opernfans untergebracht: Im Theatermuseum sind historische Musikinstrumente, Opernkostüme, Porträts von Musikern und Sängern, Skizzen von Bühnenbildern und andere Objekte mit Bezug zum musikalischen Schaffen während des 18. und 19. Jahrhunderts zu besichtigen. Den Grundstock der Sammlung, die auch eine umfangreiche Bibliothek und ein Archiv umfasst, bildete der Nachlass des Musikverlegers Carlo Schmidl.

29 [E3] **Museo Commerciale della Camera di Commercio (Museum der Triestiner Handelskammer),** Via San Nicolò 7, Tel. 040 6701269, http://deu.triestecultura.it/luoghi/index/id/123. Das Museum kann nur nach Voranmeldung besucht werden. Eintritt: frei. Das Museum der Triestiner Handelskammer im Palazzo Dreher zeigt anhand zahlreicher historischer Objekte die Geschichte von Triest als Handels- und Hafenstadt und die wirtschaftlichen Aktivitäten im Wandel der Zeit auf.

30 [F3] **Museo della Comunità Ebraica di Trieste Carlo e Vera Wagner (Jüdisches Museum Carlo und Vera Wagner),** Via del Monte 5–7, www.triestebraica.it/it/culturaturismo/il-museo-ebraico, Tel. 040 633819, geöffnet: Mo. 10–13, Di. 16–19, Mi. 10–13, Do. 10–16, Fr. 10–13 Uhr, Eintritt: 5 €, ermäßigt 3 €. Triest hatte zu seiner wirtschaftlichen Blütezeit eine große und lebendige jüdische Gemeinde, die nach Mussolinis radikalen Rassegesetzen aus dem Jahr 1938 und besonders nach dem Einmarsch der Nationalsozialisten, den Deportationen und der Vernichtung in Konzentrationslagern drastisch reduziert wurde. Heute gehören der jüdischen Gemeinde rund 600 Menschen an. Das Museum ist eine der wichtigsten Sammlungen von Kultur- und Alltagsgegenständen aus dem jüdischen Leben in Italien.

31 [ci] **Museo della Guerra per la Pace Diego de Henriquez (Kriegsmuseum für den Frieden Diego de Henriquez),** Via Costantino Cumano 22, Tel. 040 6754699, 040 9852420, www.museodiegodehenriquez.it, geöffnet: April–Mitte Okt. Mo., Mi.–Fr. 10–17, Sa./So. 10–19 Uhr, Mitte Okt.–März Mi.–Mo. 10–17 Uhr, Eintritt: 6 €, ermäßigt 4 €. Das Museum zeigt eine große Sammlung an kriegsbezogenen Objekten, macht die Schrecken des Krieges deutlich und ruft zum Frieden auf. Das ist das Konzept des Kriegsmuseums für den Frieden, das symbolträchtig am 28. Juli 2014 eingeweiht wurde, dem hundertsten Jahrestag der Kriegserklärung Österreich-Ungarns an Serbien. Die ungewöhnliche Sammlung wurde ein Leben lang von Diego de Henriquez zusammengetragen. Sie umfasst Tausende von Gegenständen, darunter Waffen, Fotos, Tagebücher, Plakate, Dokumente und 250 Filme.

32 [D4] **Museo Joyce,** Via Madonna del Mare 13, Tel. 040 6758170, geöffnet: Mo.–Sa. 9–13, Mi.–Fr. auch 15–19 Uhr, Eintritt 4 €, ermäßigt 2 €. Das Museum ist dem irischen Dichter James Joyce gewidmet, der von 1905 bis 1915 großteils in Triest lebte.

33 [C4] **Museo Revoltella (Galleria d'Arte Moderna),** Via Armando Diaz 27, Tel. 040 6754350, www.museorevoltella.it, geöffnet: Mi.–Mo. 9–19 Uhr, Eintritt: 7 €, ermäßigt 5 €. In der ehemaligen Stadtresidenz des Barons Pasquale Revoltella beherbergt das Museum Gemälde, Skulpturen und Einrichtungsgegenstände des Barons aus dem 19. Jahrhundert. Seine Sammlung bildete auch den Grundstock für die heutige Sammlung moderner Kunst, die als eine der wichtigsten in Italien gilt. In 40 Sälen auf sechs Stockwerken sind etwa 350 Werke zu besichtigen.

018tr-RZPR

Galerien und Kunstzentren

㉖ [C4] **Ex-Pescheria – Salone degli Incanti.** Am alten Hafen, unweit der Piazza dell'Unità d'Italia, fällt ein interessanter Bau mit einem glockenturmartigen Aufbau auf: der 1913 vom Architekten Giorgio Polli errichtete ehemalige Fischmarkt. Frische Meeresfrüchte und Fische kann man hier seit Jahren nicht mehr erstehen, dafür aber dienen nach einer gelungenen Renovierung die beeindruckenden hohen Hallen heute als Veranstaltungszentrum und vor allem als schöner Rahmen für wechselnde Ausstellungen, häufig zu zeitgenössischer Kunst (s. S. 38).

G34 [E3] **Galleria Torbandena,** Via Tor Bandena 1, www.torbandena.com, Tel. 040 630201, geöffnet: Mi.–Fr. 16–20 Uhr, Sa. 11–13 Uhr, 16.30–20 Uhr. Die von Alessandro Rosada geleitete Galleria Torbandena ist im ehemaligen Getto angesiedelt. 1964 gegründet, ist sie heute eine der führenden italienischen Galerien für moderne Avantgarde und zeitgenössische bildende Kunst.

G35 [D3] **Sala Comunale d'Arte,** Piazza dell'Unità d'Italia 4, Tel. 040 6751. Im Ausstellungssaal der Stadt Triest auf der Piazza dell'Unità d'Italia sind laufend wechselnde Ausstellungen zu sehen, vorwiegend werden Künstler aus der Region gezeigt.

Das Museo Revoltella ist die größte kunsthistorische Sammlung in Triest

Triest für Genießer

Triest besticht Besucher durch die Vielfalt – in besonderem Maße gilt das auch für das kulinarische Angebot der Stadt. Die Triestiner Küche ist geprägt durch vielfältige Einflüsse: Österreich-Ungarn lässt ebenso grüßen wie Venedig, Slowenien, Istrien und Dalmatien oder die Mittelmeerländer östlich von Italien.

Die Triestiner Küche

Zwei Grundsätze erschließen sich bereits bei einem kurzen Triest-Besuch recht rasch: Alles ist hier etwas anders als im Rest von Italien. Und den speziellen Charme der Stadt macht nicht zuletzt die Vielzahl unterschiedlicher kultureller Einflüsse aus, denen sie im Laufe ihrer wechselvollen Geschichte ausgesetzt war.

Beides trifft auf die typische Triestiner Küche in besonderem Maße zu. Da mischt sich die feine **Fischküche** mit ihren venezianischen, istrianischen und dalmatinischen Einflüssen mit dem Besten aus der **Fleisch- und Mehlspeisenküche** Österreichs, Ungarns und Böhmens und der schlichten slowenischen **Karstküche.** Auf diesen Traditionen aufbauend, legen immer mehr Gastronomen Wert darauf, regionale, saisonale und zunehmend auch biologische Produkte zu verwenden. Vor dem Hintergrund der traditionell multikulturellen kulinarischen Vielfalt der Triestiner Küche ist das Angebot internationaler Restaurants vergleichsweise gering. Wer Abwechslung sucht, wird einige chinesische, koreanische, japanische oder indische Restaurants finden, ebenso den einen oder anderen Griechen und natürlich wie überall Dönerlokale.

Wer **Fisch und Meeresfrüchte** mag, sollte **Vorspeisen** wie die *granzevola,* eine Meeresspinne, die es vor allem in der kalten Jahrszeit frisch gibt, *canoce* (Heuschreckenkrebse), *scampi alla busara* mit Chilis und Tomatensauce, das Stockfischmus *baccalà* oder *sardoni in savòr,* Sardinen mit Zwiebeln und Essig, probieren. **Miesmuscheln** aus den zahlreichen Muschelbänken, die man von der Küstenstraße aus sehen kann, kommen z. B. als Muschelsuppe oder als Zwischengericht mit Pasta auf den Tisch.

Vielfältig ist auch die Auswahl an **Suppen** – viele davon sind so deftig, dass man schon sehr hungrig sein muss, um danach noch weitere Gänge zu schaffen: Die *jota* ist eine Suppe aus Bohnen, Sauerkraut und Speck, beliebt sind auch Gersten-, Mais- oder Gulaschsuppen.

Auch andere **Vorspeisen** zeigen die Vielfalt der kulinarischen Einflüsse: Die *frittata* zum Beispiel, ein mit Kräutern aus dem Karst verfeinertes Omelette, oder der Spinatstrudel. Er-

KURZ & KNAPP

Servizio compreso?

Auch wenn in Restaurants gelegentlich auf der Speisekarte *servizio compreso,* also Service inklusive, vermerkt ist – **Trinkgeld** ist in allen Kategorien von Lokalen üblich und willkommen. Nimmt man den Kaffee oder einen Drink an der Bar, wird man üblicherweise um etwa fünf Prozent aufrunden und ein paar Münzen auf dem Tresen liegen lassen. Beim Essen sind acht bis zehn Prozent üblich. In Restaurants wird übrigens oft zusätzlich zu den Preisen des Verzehrs ein Pauschalbetrag pro Person für *pane e coperto,* Brot und Gedeck, verrechnet.

084tr-bk

wähnenswert ist auch der **Liptauer** – der populäre Quarkaufstrich ist in seiner Triestiner Ausprägung oft mit Kapern und Paprika verfeinert. Überraschen mag, dass *gnocchi di susine,* Zwetschgenknödel aus Kartoffelteig mit zerlassener Butter und Zimt, in Triest nicht unbedingt wie z. B. in Österreich als Nachtisch, sondern auch als Vorspeise serviert werden.

Zwischengerichte bestehen häufig aus Pasta oder Gnocchi mit Krabben oder Muscheln, oder Reis – zum Beispiel als Meeresfrüchterisotto oder als *riso alla greca.*

Die Zeit der k. u. k. Monarchie lässt grüßen, wenn es um **Fleischhauptspeisen** wie Gulasch, *porcina* oder *bollito misto* (gekochtes Schweinefleisch), Kaiserfleisch, Bauchfleisch, Zunge oder gekochten Schinken geht – all dies üblicherweise serviert mit Senf, Meerrettich und Sauerkraut.

Fische aus dem Golf liefern die Basis für **Fischhauptspeisen**, neben Sardellen und Sardinen stehen häufig Calamari und Tintenfisch auf der Menükarte – gegrillt oder in dünner Mehlpanade frittiert.

Wer **Süßspeisen** mag, wird in Triest ganz sicher nicht zu kurz zu kommen. Spezialitäten der Region sind die *putizza,* ein Hefegebäck mit einer Füllung aus Nüssen, Mandeln, Rosinen und anderen Trockenfrüchten und Pinienkernen, oder der *presnitz,* ein ebenfalls mit Nüssen und Trockenfrüchten gefüllter Blätterteig, die *pinza,* ein traditionelles Osterbrot, Krapfen oder die *fave dei morti,* eine Süßigkeit aus Mandeln und Eiweiß. *Strucoli,* die beliebten Strudel, gibt es mit vielen Füllungen, zum Beispiel mit Äpfeln, Kirschen, Zwetschgen, Aprikosen, Ricotta oder Mohn. Köstlich schmecken auch *palacinche,* dün-

⌃ Köstlichkeiten der traditionellen Triestiner Küche gibt es im legendären Buffet da Siora Rosa (s. S. 69)

ne Pfannkuchen, die mit Marmelade oder Nüssen gefüllt werden, oder die *pasta crema,* ein mit Creme gefüllter Blätterteig.

Auf dem Karst wird auch regionaler **Käse** produziert. Zu den traditionellen Sorten gehören Monte Re, Tabor, Mlet (ein Pfefferkäse) und der Jamar, der mindestens vier Monate auf dem Boden einer Karsthöhle reift.

Typische Getränke

Triest gilt gemeinhin als die **europäische Hauptstadt des Kaffees.** Das spielt nicht nur auf die hohen Kaffeedosen an, die Triestiner zu sich nehmen – pro Kopf und Jahr sollen es ganze zehn Kilogramm sein, und damit das Doppelte vom italienischen Durchschnittskonsum. Sondern es bezieht sich auch auf die wichtige Rolle, die die Hafenstadt im Handel mit und der Verarbeitung von Kaffee schon immer spielt. Seit 1719 Kaiser Karl VI. Triest zum Freihafen erhob, importierten die in der gesamten Monarchie entstehenden Kaffeehäuser vorwiegend über Triest den wertvollen Rohstoff. Gegen Ende des 19. Jahrhunderts entstanden die ersten großen Röstereien. Eine Reihe von Kaffeeimporteuren, zahlreiche spezialisierte Speditionen, **mehr als 20 Röstereien,** darunter berühmte Namen wie Illy oder Excelsior – das Kaffeebusiness blüht heute nach wie vor, die gesamte Verarbeitungskette befindet sich in der Stadt. Auch für den Hafen ist Kaffee ein wichtiger Wirtschaftsfaktor, nicht zuletzt wegen der großen Lagerflächen, die dafür benötigt werden. Triest ist nach wie vor einer der wichtigsten Häfen für den Import von Kaffee nach Europa, rund eine Million Säcke Kaffee pro Jahr werden hier bewegt.

Was den **Kaffeegenuss** betrifft, so wird man in Triest auf einige ungewohnte Bezeichnungen treffen. Der klassische Espresso heißt hier *nero,* ein *capo* ist ein kleiner Cappuccino in einer Espressotasse, einen *capo in bi* bestellt man, wenn man diesen im Glas *(in bicchiere)* trinken möchte. Ein *gocciato* ist ein Kaffee mit einem Tropfen *(goccia)* Milch, und was anderswo ein Cappuccino ist, heißt hier *caffèlatte.*

Ob in Triest auch mehr **Wein** konsumiert wird als anderswo in Italien, ist statistisch weniger genau erfasst. Interessante regionale Sorten gibt es jedenfalls. Der Karst bringt trotz seiner Kargheit und der kalten Bora einige spezielle Rebsorten hervor. Weißweine aus dem Karst sind zum Beispiel der Vitovska, ein trockener, leichter Wein mit feinem Mandelaroma, der Ribolla oder der fruchtig-aromatische Malvasia mit seiner typischen strohgelben Farbe. Unter den klassischen regionalen Rotweinen ist der Terrano zu nennen, der wegen seiner intensiven Farbe auch als „Karstblut" bezeichnet wird. Er wird auf eisenhaltiger Erde angebaut, was ihm den besonderen Charakter verleiht.

Buffets

Die Triestiner Buffets werden für Triest-Neulinge vermutlich zu den besonderen kulinarischen Überraschungen gehören. Diese **kleinen, einfachen Lokale bieten bodenständige Gerichte** an. Ganz so günstig, wie sie traditionell waren, sind sie allerdings heute nicht mehr.

Der Übergang vom Buffet zur Trattoria oder Osteria ist fließend, denn eine ganze Reihe der Buffets verköstigen ihre Gäste nicht nur am Tresen, sondern haben auch Tische, an denen serviert wird. Gekochter Schinken steht oft im **Mittelpunkt des Speisenangebots.** Den kann man sich zum Beispiel in einem *panino* (belegtes Brötchen) servieren lassen, das gleich an der Theke verzehrt wird. Oder *cotechino* (eine Kochwurst aus Schweinefleisch), Zunge, Kaiserfleisch oder *bollito misto* (gemischtes gekochtes Schweinefleisch) mit viel Meerrettich und Sauerkraut. Aber auch wer kein Fleisch mag, kann in einigen Buffets auf seine Kosten kommen, zum Beispiel mit *gnocchi* oder einer *parmigiana,* einem Ofengericht auf Auberginenbasis. Viele Triestiner erklären die Tatsache, dass sich die großen Fastfoodketten in Triest nur in bescheidenem Maß etablieren konnten, damit, dass in Sachen Fastfood auf hohem Niveau die Buffets einfach nicht zu übertreffen sind.

36 [C4] **Buffet da Siora Rosa,** Piazza Attilio Hortis 3, Tel. 040 301460, geöffnet: Di.–Sa. 8–15.30 und 17–22 Uhr. Das nach der Gründerin Rosa benannte Buffet wird noch immer von der Familie geführt und garantiert besondere kulinarische Highlights der Triestiner Küche. Essen kann man am Tresen oder an kleinen Tischen davor, es gibt aber auch einen Speisesaal und im Sommer Tische auf der Piazza vor dem Lokal. Auf der Speisekarte stehen authentische regionale Gerichte, die Chefin Morena auch gerne an der Theke empfiehlt: Knödel und Würste, Schinken und Polenta, Gulasch und gedämpftes Saisongemüse, eine hervorragende *parmigiana* – die Entscheidung fällt schwer.

37 [E3] **Da Pepi,** Via Cassa di Risparmio 3, Tel. 040 366858, www.buffetdapepi.it geöffnet: Mo.–Sa. 8.30–22, So. 10-16 Uhr. Unweit der ehemaligen Börse, im Borgo Teresiano, liegt eines der populärsten Buffets der Stadt mit klassischem Angebot: Schinken und Kaiserfleisch, Selchzungen und Schweinsfüße oder Würste werden mit viel Meerrettich und Sauerkraut serviert. Wer dafür zu wenig Zeit hat, lässt sich ein *panino* mit Schweinsbraten füllen und verzehrt es im Stehen.

Osmize (Buschenschenken)

Nicht zufällig erinnern die urigen kleinen Lokale im Karst an die Wiener Heurigentradition. Denn wie in der k. u. k. Hauptstadt wurde auch auf dem Karst den Bauern von Kaiserin Maria Theresia das Privileg verliehen, für eine bestimmte Zeit im Jahr ihren **Wein** und ihre überschüssigen **landwirtschaftlichen Produkte** zu verkaufen. Ursprünglich waren das acht Tage – daher auch der Name, der sich vom slowenischen *osem* (acht) ableitet.

In den Buschenschenken, die heute üblicherweise **etwa 30 Tage im Jahr geöffnet** haben, kann man lokale Weine wie Terrano oder Vitovska, Schinken, Käse, hausgemachte Würste oder typische Süßspeisen verkosten. Die Osmize, die gerade geöffnet („ausgesteckt") haben, er-

Bier und deftige Gerichte – auch das gehört zur Triestiner Gastronomie

030tr-nb

kennt man an einem Efeuzweig, dem *grasco,* der nicht nur beim Eingang zum Lokal angebracht ist, sondern auch an den Wegweisern entlang der Straße. Welcher Weinbauer gerade seine Osmiza geöffnet hat, schaut man am besten vor dem Karstausflug in den jährlich neu gedruckten **Verzeichnissen** oder im tagesaktuellen Online-Führer (www.osmize.com) nach.

Birrerie (Bierhallen)

Bierhallen in Triest? Die Triestiner *birrerie* sind keineswegs ein Zugeständnis an die zunehmende Zahl von Besuchern aus dem Norden, sondern haben in der Hafenstadt durchaus eine ausgeprägte Tradition. Daher muss man sich auch nicht wie ein Tourist fühlen, wenn man ins Bier-Ambiente eintaucht, um sich authentisch zu verköstigen.

38 [F2] **Birreria Forst,** Via Giorgio Galatti 11, Tel. 040 662670, 363486, www.grandiristorantitrieste.com/category/ristoranti/forst, geöffnet: Mo.–Sa. 10–1, So. 10–24 Uhr, im Sommer tgl. 15–1 Uhr, warme Küche 12–15 und 19–23 Uhr. Die Birreria aus den 1950er-Jahren mit sehr rustikaler Einrichtung setzt beim Bier vor allem auf die Eigenprodukte – Forst ist eine große Südtiroler Brauerei – und beim Speisenangebot auf Traditionelles: Gulasch mit Semmelknödeln, Gnocchi mit Wildragout oder die Forst-Platte mit Würsten, Schweinsbraten, Schinken und Kraut, aber auch verschiedene mit Bier zubereitete Gerichte und – eher unerwartet – Pizze. Gut, reichlich, günstig.

39 [D3] **Kapuzinerkeller,** Via Pozzo del Mare 1, Tel. 040 307997, www.kapuzinerkellertrieste.it, geöffnet: Mo.–Sa. 12–15 und 19–1 Uhr, warme Küche bis 23.30 Uhr. Zwischen Piazza dell'Unità d'Italia und Hafenpromenade liegt das „kleine Bayern", wie sich der Kapuzinerkeller gerne präsentiert. Neben einer erwartungsgemäß großen Auswahl an bayerischen Bieren gibt es auch ein Sortiment von Rot- und Weißweinen aus verschiedenen italienischen Regionen. Die Küche ist deftig-fleischlastig, mit zahlreichen Wurstvarianten, Gulasch, Wienerschnitzel, Spätzle und Co.

Gastro- und Nightlife-Areale

Bläulich hervorgehobene Bereiche in den Karten kennzeichnen Gebiete mit einem dichten Angebot an Restaurants, Bars, Klubs, Discos etc.

Pizzerie

Ein traditionelles Triestiner Gericht ist die Pizza zwar mit Sicherheit nicht, doch populär ist der belegte Hefeteig-Fladen auch hier.

Hier eine kleine Auswahl von interessanten Pizzerie.

40 [E1] **Capriccio,** Piazza della Libertà 2, Tel. 040 370018, 338 3913278, www.capricciotrieste.it, geöffnet: Mo.–Sa. 11–15 und 19–22.30 Uhr. Einfaches, gemütliches Lokal gleich beim Bahnhof mit guten Pizzen und einer Fisch- und Pastaküche, die von der süditalienischen und Triestiner Küche inspiriert ist.

41 [D4] **Pizzeria D'Napoli,** Via Armando Diaz 10, Tel. 040 2601141, geöffnet: tägl. 12–15 und 19–23.30 Uhr. Im Cavana-Viertel liegt diese Pizzeria, die neben den üblichen Pizza-Angeboten (Margherita & Co.) mit Spezialitäten und immer wieder rotierenden „Neuheiten" überrascht: Pizza mit Nusscreme oder mit Trüffeln steht da beispielsweise auf der Karte, oder eine Calzone „tris" mit drei Füllungen. Der Teig ist fein, das Personal aufmerksam.

Trattorie und Ristoranti

Der Übergang zwischen Buffet und Trattoria oder zwischen Trattoria und Ristorante ist manchmal fließend. Klassischerweise ist die **Trattoria** ein etwas einfacheres Speiselokal, in dem regionale Gerichte angeboten werden. Wie im Ristorante besteht auch hier eine komplette Mahlzeit aus mehreren Gängen.

Das **Ristorante** ist in Triest, wie anderswo auch, in der Regel die kostspieligste Form, sich auswärts zu verköstigen. Das liegt schon daran, dass es sich hier jedenfalls gehört, eine ganze Menüfolge zu bestellen: Suppe oder Antipasto, dazwischen vielleicht einen Zwischengang wie Pasta, Risotto oder Polenta, ein Hauptgericht, ein Dessert. Ob es auch die anspruchsvollste und kulinarisch interessanteste Form ist, bleibt letztlich eine Frage des individuellen Geschmacks.

42 [ce] **Al Castelliere** €€, Località Col 8, Monrupino, Tel. 040 327120, www.alcastelliere.wpeople.it, geöffnet: Mo.–Mi., Sa./So. 12–15 und 19–21 Uhr. Ein kulinarischer Ausflug in den Karst, der sich lohnt. Die einfache Trattoria, seit 1968 im Familienbesitz, ganz in der Nähe der kleinen Wehrkirche des Karstdorfes Monrupino, überzeugt mit einer kleinen, feinen Auswahl an einfacher Hausmannskost: *jota* (eine Suppe aus Bohnen, Sauerkraut und Speck), *gnocchi al ragu,* Spinat-Cannelloni zur Vorspeise, Kalbs- oder Schweinebraten, Rinderfilet oder eine *piccata milanese* (in Mehl, Ei und Parmesan panierte Kalbsschnitzel) als Hauptgerichte und als Dessert unter anderem köstlichen Strudel. Im Sommer gibt es das alles auf einer Terrasse mit Blick in den Karst.

Preiskategorien

Zweigängiges Menü für 2 Personen ohne Getränk:

€	bis 60 €
€€	bis 80 €
€€€	bis 100 €
€€€€	über 100 €

43 [dh] **Antica Trattoria Suban** €€€, Via Emilio Comici 2/d, Tel. 040 54368, www.suban.it, geöffnet: Mi.–Mo. 19–22, Sa./So. auch 12–14 Uhr. Außerhalb des Zentrums im Stadtteil San Giovanni gelegen, ist das Suban seit 1865 eine kulinarische Institution – echte Triestiner erinnern sich, dass hier schon ihre Großeltern gespeist haben. Traditionelle regionale Küche: *jota,* Schinken in der Brotkruste mit Meerrettich, Knödelspezialitäten, Gulasch, Kalbshaxe, auf der Tageskarte gibt es aber immer auch ein vegetarisches Hauptgericht. Wer dann noch ein Dessert schafft, sollte die süße Polenta mit Schokosauce nicht auslassen.

44 [D3] **Harry's Piccolo Restaurant und Harry's Bistrot** €€€€, Piazza dell'Unità d'Italia, Tel. 040 660606, www.duchi.

Das Harry's glänzt mit elegantem Entree

087tr-RZPR

eu, geöffnet: tägl. 12.30–15, 19.30–22 Uhr. Harry's Grill erinnert nicht zufällig dem Namen und der Einrichtung nach an die berühmte Harry's Bar in Venedig, schließlich wurde das elegante Restaurant im Grand Hotel Duchi d'Aosta auf der Piazza dell'Unità d'Italia 1972 ebenfalls von Arrigo Cipriani eröffnet. Heute ist Harry's zweigeteilt: Das elegante Harry's Piccolo Restaurant ist aktuell Triests einziges Restaurant mit einem Michelin-Stern. Und in Harry's Bistrot gibt es in stilvoller Hotelbar-Atmosphäre preiswertere und kleinere Gerichte.

45 [F4] **Hostaria da Libero** €€, Via Risorta 7, www.hostariadalibero.com, Tel. 040 301113, geöffnet: Mo.–Sa. 12.30–14.30 und 19.30–22 Uhr. Das Kultlokal auf dem Stadthügel von San Giusto ist sogar Gegenstand eines Romans, in dem Gaetano Longo das Leben des legendären Besitzers Libero Laganis beschreibt, bei dem Triestiner und internationale Künstler und Intellektuelle genauso ein- und ausgingen wie die Bewohner des Viertels. Heute bietet sein Enkel Samuele im unverändert urigen Lokal regionale Küche mit Spezialitäten wie Schweineschulter, Kürbisflan mit Gorgonzola, Polenta mit Pilzen, Rinderschmorbraten in Merlot, Perlhuhnbrust mit getrüffeltem Kartoffelpüree und die legendären *patate in tecia,* geröstete Kartoffelstücke mit Zwiebeln. Beachtlich ist auch die Kunst an den Wänden. Die Grundlage der Sammlung sollen Bilder gewesen sein, mit denen klamme Künstler bei Libero ihre Zeche bezahlten.

46 [ch] **Il Posto delle Fragole** €, Via Guglielmo de Pastrovich 4, Tel. 040 578777, www.ilpostodellefragole.eu, geöffnet: Mo.–Fr. 8–20, Sa. 9–14 Uhr, abends nur nach Voranmeldung. Hier kann man auch nur einen Kaffee trinken, aber es lohnt sich, die täglich wechselnden Menüs zu kosten. Und das nicht nur, wenn man vom unschlagbar günstigen Studentenmenü-Preis profitieren kann. Aber nicht nur die Küche lohnt den Besuch, das ganze Projekt „Erdbeere" ist ein spezielles Erlebnis. Das Lokal liegt auf dem Gelände des ehemaligen psychiatrischen Krankenhauses San Giovanni mit seinem großartigen Park und vielen Kultureinrichtungen und gehört einer sozialen Genossenschaft *(cooperativa),* die auch das Hotel Tritone (s. S. 125) in Barcola betreibt.

47 [ae] **Le Terrazze** €€€€, Strada Costiera 22, www.terrazze.eu, Tel. 040 2247033, geöffnet: Mai–Okt. tägl. 12.30–14.30 und 19.30–22.30, Nov.–April tägl. 12.30–14 und 19–22 Uhr. Das Restaurant des Hotels Riviera e Maximilian's, in der Nähe des Schlosses Miramare an der Küstenstraße gelegen, hat neben dem spektakulären Ausblick auf den Golf von Triest auch kulinarisch einiges zu bieten: Fisch aus dem Golf, Fleisch aus dem Friaul, Speck aus Sauris, Gemüse aus dem Karst und eine attraktive Weinauswahl.

48 [B4] **Osteria Salvagente** €€, Via dei Burlo 1c, Tel. 040 2606699, geöffnet: Mi.–So. 10.30–15, 18–23 Uhr. Kleine, gemütliche Osteria mit künstlerisch-intellektuellem Flair und Klassikern der Triestiner Küche.

49 [B3] **PIER** €€€, Molo Venezia 1, Tel. 040 3229296, www.marinasangiusto.it, geöffnet tgl. 8.30–2 Uhr, warme Küche 11.30–15.30 und 18.30–22.30 Uhr. Das PIER ist mitten im Jachthafen San Giusto gelegen und kann über den namensgebenden Pier erreicht werden. Im Restaurant, auf der Terrasse und in der Rooftop-Bar genießt man einen herrlichen Rundumblick. Mediterran-triestinische Küche in kreativer Interpretation.

Fischspezialitäten servieren Matteo und Bruno seit Jahrzehnten im Traditionslokal Tavernetta al Molo

50 [af] **Principe di Metternich** €€, Riva Massimiliano e Carlotta 7, Grignano, www.principedimetternich.it, Tel. 040 224189. Ganztägig geöffnet, ist das direkt am Hafen von Grignano gelegene Lokal mit seiner großen Terrasse Café-Bar und Restaurant zugleich. Ein guter Platz für eine Kaffeepause nach einer Besichtigung von Miramare (s. S. 48) oder für den Aperitif, um den Sonnenuntergang über dem Hafen von Grignano zu genießen.

51 [C4] **Puro** €€€, Via Torino 21, Tel. 040 302787, www.puroristoro.it, geöffnet: Mo.–Do. 10–1, Fr./Sa. 10–2, So. 11–24 Uhr. Auf der Ausgehmeile in der Via Torino, wo ein Lokal neben dem anderen entstanden ist, bietet das Puro nicht nur Drinks bis spät am Abend – unter anderem 30 Ginsorten –, sondern auch eine hervorragende, kreative Küche mit regionalen und saisonalen Spezialitäten und netten, zuvorkommenden Service. Empfehlenswert sind beispielsweise die Tagliolini mit Trüffeln und Ei, das *fritto misto* (frittierte Fische und Meeresfrüchte), Gnocchi aus violetten Kartoffeln mit Gemüse und Scampi oder die Burger-Spezialitäten.

52 [D4] **Ristaurante ai Fiori** €€, Piazza Attilio Hortis 7, Tel. 347 3934467, www.aifiori.com, geöffnet: Mo. 19.30–23, Di.–Sa. 12.30–14.30 und 19.30–23 Uhr. Die populäre Trattoria im Cavana-Viertel hat eine etwa alle zwei Monate wechselnde Karte mit einem Schwerpunkt auf Fischgerichten, auf regionale Zutaten und bewusster Ernährung. Die meisten Gerichte gibt es gluten- und laktosefrei. Mittags wird ein *pranzo veloce* angeboten, ein günstiges und rasch serviertes Tagesmenü. Reservierung empfehlenswert.

53 [af] **Tavernetta al Molo** €€€, Riva Massimiliano e Carlotta 11, Grignano, Tel. 040 224275, geöffnet: Mi.–Mo. 12–14.30 und 19–21.30 Uhr. Das feine Fischlokal profitiert von der wunderbaren Lage in der Bucht von Grignano, die Besitzer Matteo und Bruno servieren per-

016tr-nb

sönlich. Spezialitäten sind etwa der *bis di polenta,* zwei Polentavariationen als Vorspeise, einmal mit Tintenfisch in der eigenen Tinte und einmal mit *baccalà* (Stockfischmus), oder die *casso pipa,* ein exzellentes Pastagericht mit Meeresfrüchten, in der großen Kasserolle serviert.

54 [bg] **Trattoria al Faro** €€, Scala Sforzi 2, www.trattoriaalfaro.it, Tel. 040 410092, geöffnet: Mi.–Mo. 12–15 und 19–23 Uhr. Die traditionsreiche Trattoria liegt gleich neben dem namengebenden Leuchtturm Faro della Vittoria 33 und punktet mit einem unschlagbaren Blick über den Golf. Die Triestiner Meeresküche ist teilweise kreativ angelegt. Dario Rakic, der das Lokal 2015 übernahm und auch selbst kocht, legt großen Wert auf die Prinzipien des „Slow Food", Regionalität und Saisonalität der Produkte, und knüpft an die traditionelle Triestiner Fischküche an.

55 [bg] **Trattoria al Sub** €€, Barcola, Viale Miramare 201, Tel. 040411970, http://trattoriaalsub.com, geöffnet: Di.–Sa. 12–14.30 und 17.30–22, So. 12–14.30 Uhr. Die sympathische Trattoria in Barcola bietet ausschließlich Fisch und Meeresfrüchte an. Empfehlenswert sind unter anderem die marinierten Sardellen, die große Fischsuppe, die Fischlasagne und die Gnocchi mit Scampi.

Enoteche und Bars

Eine Enoteca ist die italienische Variante der Vinothek bzw. des Weinlokals. Neben einer Vielfalt an Prosecchi, Spumanti und Weinen gibt es hier üblicherweise auch kleine Gerichte wie *panini*, Schinken- oder Käseplatten oder manchmal auch warme Kleinigkeiten. Oft bieten Enoteche Weine und eine gewisse Auswahl an Delikatessen auch zum Mitnehmen an.

Was man in Triest als Bar bezeichnet, ist eher im Ausnahmefall eine Cocktailbar mit einer großen Getränkekarte verschiedenster Mixgetränke, sondern oft ein einfaches Lokal mit großem Tresen und einigen Tischen, in das man vom Morgenkaffee mit Brioche bis zum letzten Glas Wein auf dem Heimweg zu allen Tageszeiten einkehrt.

56 [D4] **Champagneria,** Via Luigi Cardona 12, Tel. 334 9084384, www.champagneriaevineria.it, geöffnet: Mo.–So. 11–15 und 18.30–23 Uhr. Die Champagneria hat sich vor allem als Aperitif-Bar etabliert, dem Namen gemäß mit einer breiten Auswahl an Champagnern, Prosecchi, Spumanti und Weinen mit einer Vielfalt an kleinen, feinen Häppchen: Fisch-Carpaccio und Scampi, Thunfisch-Tartar und Austern, *baccalà* und marinierte Sardellen, Käse und *bresaola* (luftgetrockneter Rinderschinken) oder Kaiserfleisch. Weniger bekannt: Die Champagneria serviert mittags wie abends an einigen Tischen auch ein volles Menü.

57 [E3] **Enoteca Nanut,** Via Genova 10/e, Tel. 040 360642, https://enoteca-nanut.eatbu.com, geöffnet: Di.–Sa. 10.30–14.30 und 18–23.30 Uhr. In der kleinen, gemütlichen Vinothek im Borgo Teresiano werden im Rahmen der breiten Weinauswahl auch jüngere, unbekannte Winzer, vorwiegend aus der Region, gefördert und präsentiert. Weine und Delikatessen wie Öl, Pasta oder Schokolade gibt es zum Mitnehmen. Wer es schafft, im Gedränge an der Bar einen Platz zu finden, kann die Weine auch vor Ort verkosten, im Bedarfsfall mit kleinen Häppchen. An einigen wenigen Tischen im etwas überdekorierten Hinterzimmer gibt es auch warme Gerichte. Eine Speisekarte gibt es nicht, die freundlichen Kellner stellen die jeweilige Tageskarte vor.

58 [F3] **Gran Malabar,** Piazza San Giovanni 6, Tel. 040 636226, geöffnet: Mo.–Sa. 6.30–21 Uhr, So. 6.30–13 Uhr. Seit mehr als 30 Jahren pflegt Walter Cusmich in seiner Gran Malabar gediegene Weinkultur. Ausgeschenkt werden in der kleinen, meist sehr vollen Bar Weine aus dem Karst, dem Friaul sowie aus anderen italienischen Regionen. Zu den über 40 glasweise ausgeschenkten Weinen kann man Käse aus dem Karst, Salami und Schinken genießen.

59 [F2] **Le Bollicine,** Piazza S. Antonio 2/a, Tel. 040 771041, www.le-bollicine.it, geöffnet: Di.–Sa. 12–15 und 18–22 Uhr. Ursprünglich vorwiegend als Weinbar konzipiert, ist das Lokal in der Nähe des Ponte Rosso jetzt auch eine populäre kulinarische Anlaufstelle. Kleine Häppchen zum Wein sind ebenso möglich wie ein mehrgängiges Menü im Restaurant. Die Champagner-, Spumante- und Weinauswahl des minimalistisch gestalteten Lokals weiß zu beeindrucken.

60 [B5] **Loft,** Via D. Economo, 12/1, Tel. 040 3419908, geöffnet: Mi.–Do. 18–1.30, Fr./Sa. 18-2.30 Uhr. Nach mehreren Änderungen des Lokalprofils ist das Loft, am Ende der Rive gelegen, ein entspanntes Lokal, in dem man Livemusikern und DJs zuhören kann. Die Küche ist fleischlastig. Große Auswahl guter Weine, Biere und Cocktails.

61 [D3] **Urbanis,** Piazza della Borsa 15/Ecke Via del Teatro, Tel. 040 366580, geöffnet: So.–Do. 7–24, Fr./Sa. 7–2 Uhr. Diese Bar an der Piazza dell'Unità d'Italia ist den ganzen Tag über gut besucht: Morgens nimmt man hier Kaffee und Croissants zu sich, mittags gibt es Salate und *panini,* nach Büroschluss scheint sich hier halb Triest zum Aperitif zu treffen, der mit kleinen Häppchen serviert wird. Und nachts gibt es hier Cocktails und DJs.

EXTRAINFO

Smoker's Guide

Bereits seit 2005 ist in Italien das Rauchen in allen öffentlichen Gebäuden verboten – das gilt auch für die Gastronomie. Und das wird in der Regel, schon angesichts empfindlich hoher Strafen, auch sehr strikt eingehalten – und scheint niemanden wirklich zu stören. Von der Möglichkeit, einen getrennten Raucherraum einzurichten, haben nur sehr wenige Lokale Gebrauch gemacht.

Seit November 2016 sind neue sicherheitspolizeiliche Bestimmungen der Stadt in Kraft (siehe auch S. 122), die unter anderem das Rauchen und den Konsum von Alkohol in allen öffentlichen Parks in Triest verbieten.

Kaffeehäuser

Die traditionellen Triestiner Kaffeehäuser stehen in ihrem Charme den berühmten Wiener Cafés in nichts nach. Viele von ihnen entstanden um die Wende vom 19. zum 20. Jahrhundert und galten damals als Treffpunkt von Künstlern und Literaten, aber auch als Hochburgen der für die Einigung Italiens eintretenden Irredentisti (s. S. 101).

Erfreulich viele der Kaffeehäuser konnten sich bis heute halten – nicht nur Fastfood-Läden tun sich in Triest eher schwer, auch die Coffeeshop-Ketten können nicht so recht Fuß fassen – und bedienen ein bunt gemischtes Publikum.

62 [E3] **Antico Caffè Torinese,** Corso Italia 2, www.anticocaffetorinese.ts.it, Tel. 389 6543611, geöffnet: Mo.–Do. 7.30–24, Fr. 7.30–1, Sa. 8.30–1, Mitte Sept.–Mai So. 7.30–24 Uhr. Das kleine, 1915 gegründete Jugendstilcafé mit

Die Triestiner Kaffeetradition

Triest und der Kaffee, das ist eine besondere Verbindung, die weit in die Geschichte zurückreicht. Seit mehr als 200 Jahren wird Kaffee über den Hafen importiert, verarbeitet und auch in großen Mengen getrunken. Die eleganten Kaffeehäuser der Stadt wie das Caffè San Marco (s. S. 77), das Stella Polare (s. S. 77) oder das Tommaseo (s. S. 77) sind regelrechte Sehenswürdigkeiten und in jedem Fall wunderbare Orte der Entspannung und Inspiration. Die Tradition des Kaffeeimports geht zurück auf das 18. Jahrhundert, als die Stadt zum Freihafen erhoben wurde. Die Tradition wird durch zahlreiche Initiativen und Veranstaltungen lebendig gehalten, zum Beispiel durch die von Illy ins Leben gerufene Universität des Kaffees oder durch Kaffeeverkostungen, die vom Verein Caffè Trieste veranstaltet werden (www.assocaffe.it, unicaffe.illy.com).

☐ Triest gilt als Kaffeehauptstadt Europas – Import und Verarbeitung sind ein wesentlicher Wirtschaftsfaktor

014tr-RZPR

seiner wunderbaren Original-Holzvertäfelung, viel Marmor und dem eindrucksvollen Luster hat zwar nur sechs Tische, aber eine lange Bar. Neben dem Konsum vor Ort kann man Kaffee, Wein und verschiedene lokale Produkte auch zum Mitnehmen einkaufen.

63 [D3] **Caffè degli Specchi,** Piazza dell'Unità d'Italia 7, Tel. 040 661973, www.caffespecchi.it, geöffnet: tägl. 8–21 Uhr. Das seit 1839 existierende Kaffeehaus im Erdgeschoss des Palazzo Stratti hat seine Popularität nicht nur seiner einzigartigen Lage auf der Piazza dell'Unità d'Italia zu verdanken. Früher einmal waren hier große Schriftsteller und Dichter Stammgäste, darunter James Joyce und Rainer Maria Rilke.

Nach der Übernahme des Traditionscafés durch die Kette Cioccolato Peratoner hat es ein wenig an Charme eingebüßt. Es kann viel Geduld erforderlich sein.

64 [G2] **Caffè San Marco,** Via Cesare Battisti 18, Tel. 040 0641724, www.caffesanmarcotrieste.eu, geöffnet: Mo.–Do. 8.30–22.30, Fr./Sa. 8.30–24, So. 8.30–21.30 Uhr. Das 1914 gegründete traditionelle Kaffeehaus mit seiner weitgehend erhaltenen prachtvollen Jugendstileinrichtung galt von jeher als Literaten- und Intellektuellentreffpunkt. Es zählte Dichter und Intellektuelle zu seinen Stammgästen: Italo Svevo, Umberto Saba, James Joyce und Gianni Stuparich sollen hier regelmäßig anzutreffen gewesen sein und der zeitgenössische Schriftsteller Claudio Magris ist heute Stammgast. In den 2010er-Jahren blieb das Publikum vermehrt aus, was nicht zuletzt den Triestiner Schriftsteller Magris und andere Stammkunden zu einer Kampagne zur Rettung ihres Lieblingscafés veranlasste. Mit Erfolg: Ende 2013 übernahm ein neues Management, ein Teil des Lokals wurde zur Buchhandlung umfunktioniert – ein Konzept, das gut ankommt. Neben den üblichen Kaffeespezialitäten wird hier auch eine hervorragende heiße Schokolade serviert, auf der kleinen Kaffeehauskarte gibt es *panini, pasta al ragù, polpette* (Buletten) und eine Gemüseplatte. Wenn es voll ist, ist gelegentlich Geduld angesagt, bis der Service den Ansturm bewältigt.

65 [F3] **Caffè Stella Polare,** Via Dante Alighieri 14, Tel. 040 765420, geöffnet: tägl. 6–22 Uhr. Ein weiteres der bekannten Triestiner Literatencafés liegt direkt am Canal Grande. Auch das Stella Polare reklamiert James Joyce und andere literarische Berühmtheiten als historische Stammgäste. Ob Wahrheit oder Legende, die Stuckdecke ist ebenso echt wie die sympathische, unprätentiöse Atmosphäre.

66 [D3] **Caffè Tommaseo,** Piazza Nicolò Tommaseo 4/c, Tel. 040 362666, www.caffetommaseo.it, Caffè: Mo./Di. 10–21, Mi.–Fr., So. 10–22, Sa. 10–23 Uhr, Ristorante: tägl. 12–15 und 19–22 Uhr. Das 1830 gegründete Caffè Tommaseo ist das älteste noch betriebene Kaffeehaus der Stadt. An der Uferpromenade neben der Kirche San Nicolò dei Greci gelegen, ist es auch heute noch, wie in seinen Anfängen, ein Treffpunkt für Politiker, Geschäftsleute, Journalisten etc. Das elegante Ambiente beruht im Wesentlichen auf der Ursprungsausstattung: große Wandspiegel, Original-Stuck, Bugholz-Sessel. Im Sommer erlaubt ein kleiner Gastgarten einen Blick auf die Uferstraße und den Golf von Triest.

67 [D4] **Knulp,** Via Madonna del Mare 7/a, Tel. 040 300021, www.knulp.org, geöffnet: Mitte Okt.–Mitte Mai Mo. 15–24, Di.–Sa. 10–24, So. 15–18 Uhr. Die moderne Version des Triestiner Kaffeehauses: Das Knulp ist selbstverwaltete Café-Bar, Internetcafé, Buchhandlung mit einem Schwerpunkt auf Musik und Film und Miniladen mit Fairtrade-Produkten – ein höchst angenehmer Ort im Cavana-Viertel. Kleine Speisen wie *polpette* (Bouletten), *arancia di riso* (herausgebackene gefüllte Reisknödel), Mozzarella mit Tomaten und hausgemachte Kuchen gibt es zu moderaten Preisen.

Konditoreien

Wie im Kaffeehaus können Besuchern gelegentlich auch in Triestiner Konditoreien gewisse Zweifel kommen, ob man hier nicht in Österreich gelandet ist – so sehr erinnern viele Mehlspeisen an die österreichisch-ungarische Küche.

68 [C4] **Ginger,** Via dell'Annunziata 3, Tel. 040 2604275, www.gingertrieste.it,

EXTRATIPPS

Lecker vegetarisch

Auch in nicht dezidiert vegetarischen Restaurants kann man sich hervorragend fleischlos verköstigen lassen. Wer zwar kein Fleisch, aber Fisch isst, hat beim reichhaltigen Angebot an maritimen Vor- und Hauptspeisen ohnehin nicht das geringste Problem. Pastagerichte zum Beispiel oder Risotti gibt es in vielen Lokalen auch in fleisch- und fischlosen Varianten. Attraktive Anlaufstellen für Vegetarier und Veganer sind das **Genuino** im ehemaligen Getto in der Via delle Beccherie Vecchie 13, das **Giardino Tergesteo** im Palazzo Tergesteo und das nur abends geöffnete **Welcome Bistrot** in der Via dell'Industria 24a.

70 [E3] **Genuino** €, Via Beccherie 13, Tel. 040 0640490, www.genuino.com/trieste.html, geöffnet: Mo.–Fr. 12–22, Sa. 12–22.30 Uhr

71 [D3] **Giardino Tergesteo** €€, Piazza della Borsa 14, Tel. 040 633902, geöffnet: Mo.–Sa. 8–21 Uhr

72 [ci] **Welcome Bistrot** €, Via dell'Industria 24/a, http://welcomebistrot.blogspot.com, Tel. 393 0856569, 040 9880922, geöffnet Mo.–Sa. 19–22.30 Uhr, Reservierung wird empfohlen.

Für den späten Hunger

Die Filiale der Bäckereikette Il pane quotidiano auf dem Viale XX Settembre hat tägl. rund um die Uhr geöffnet. Nachtschwärmer finden hier zu jeder Tages- und Nachtzeit warme Sandwiches und Salate, aber auch frisches Brot und süßes Gebäck. Im Cavana-Viertel oder dem ehemaligen Getto haben viele Lokale spät geöffnet, Spezialtipps für den späten Hunger sind das **Puro** (s. S. 73), das Loft (s. S. 75) oder das **Urbanis** (s. S. 75).

Essen mit Aussicht

Gutes Essen und eine besonders schöne Aussicht genießen – das gibt es in besonderem Maße auf der Terrasse der **Trattoria al Faro** (s. S. 74), im Restaurant des Hotel Riviera **Le Terrazze** (s. S. 72), im **PIER** (s. S. 72) und auf der Terrasse des Restaurants **Tenda Rossa**:

73 **Tenda Rossa** €€-€€€, Strada Costiera 172, Tel. 040 224214, geöffnet: Mi.–Mo. 12–16 und 19–23 Uhr

Dinner for one

Allein zu essen, ist in Triest unkompliziert – man kommt rasch mit jemandem ins Gespräch, wenn man das will. Empfehlenswert für Single-Esser sind die **Buffets** – sie sind immer voll, da lassen sich rasch Kontakte herstellen. Das gilt auch für die **Enoteche,** die zwar i. d. R. keine ganzen Menüs, aber attraktive Kleinigkeiten servieren, und recht kommunikationsfördernd sind.

Der erste Kaffee

Das klassische Triestiner Frühstück besteht aus Espresso oder Cappuccino und einer Süßspeise, zum Beispiel mit Creme oder Konfitüre gefüllte Croissants. Das wird in jeder Bar angeboten und meist im Stehen an der Bar verzehrt. Wer gerne ausgiebiger frühstückt, und das in schönem Ambiente, ist in den klassischen Kaffeehäusern gut aufgehoben, zum Beispiel im Caffè Tommaseo (s. S. 77) oder dem San Marco (s. S. 77).

geöffnet: Mo. und Mi.–Sa. 8.30–19.30, So. 10–19 Uhr, Di. geschl. Die moderne Version der Triestiner Konditorei: Cupcakes und Cookies, Schokokreationen aller Art, verschiedene Kaffeesorten, viele Tees und Kräutertees, sympathischer Service.

› **La Bomboniera** (s. S. 87)

69 [D4] **Mug Bakery,** Piazza Attilio Hortis 6, Tel. 040 966 0293, www.mug

bakery.com, geöffnet Di.-Sa. 8-20, So. 10-18 Uhr. Moderne Konditorei im angesagten Cavana-Viertel mit amerikanischen Süßspeisenklassikern wie Cheesecake, Loafs, Cupcakes, Cookies und Brownies. Gluten- und hefefreie Spezialitäten, die meisten Zutaten sind aus biologischer Herstellung.

74 [C4] **Pasticceria Penso,** Via Armando Diaz 11, Tel. 040 0640363, geöffnet: Di.-So. 8-13 und 16-20 Uhr. Die kleine Konditorei hat alles zu bieten, was die typische Triestiner Mehlspeisenküche ausmacht: *Putizza* (Hefegebäck), *presnitz, pinza, fave,* Marzipan und Krapfen. Berühmt sind auch die Sacher- und Doboschtorten von Frau Penso.

75 [cg] **Pasticceria Saint Honorè,** Via di Prosecco 2, Opicina, Tel. 040 213055, www.sainthonoretrieste.it, geöffnet: Di.-Sa. 9-13 und 16-19, So. 9-13 Uhr. Im Triestiner Vorort Opicina hat sich Roberto Mosenich mit seiner legendären Konditorei angesiedelt. Bekanntestes Markenzeichen der Saint Honorè ist wohl das Schokokonfekt in Form der Tram di Opicina, den Mosenich 1992 der berühmten Straßenbahn zum 90. Geburtstag gewidmet hat und der seither im Sortiment ist.

Eissalons

Hier ist Triest ausnahmsweise mal sehr italienisch – nämlich wenn es um die Vielzahl an Eisdielen und deren kreatives Angebot geht.

Inzwischen gehen immer mehr Eiscafés auch auf besondere Ernährungsbedürfnisse ein und bieten zum Beispiel Diabetikereis oder vegane Varianten an.

76 [D3] **Gelateria Jazzin,** Via del Mercato Vecchio 1/d, Tel. 040 2419261, geöffnet: Di.-So. 11-24 Uhr. Von außen sieht das Eiscafé ganz in der Nähe der Piazza dell'Unità d'Italia ganz unspektakulär aus, einmal drinnen versteht man, warum sich der Laden auch *Pasticceria del Gelato* (Eiskonditorei) nennt: Mehr als 20 Sorten Eis werden angeboten, darunter immer wieder interessante neue Kreationen wie Basilikumeis oder ungesüßtes Joghurteis mit Olivenöl. Dazu in der Kühlvitrine: Eispralinen aus Schokolade mit Eis gefüllt oder Mini-Eistorten mit Früchten, Nüssen oder Schokolade.

77 [E3] **Gelato Marco,** Via Malcanton 16/A, www.gelatomarco.com, Tel. 3920788230, geöffnet: März-Okt. Di.-So. 10-23 Uhr. Das populäre Eiscafé, unweit der Piazza dell'Unità d'Italia, gegenüber den Ruinen des römischen Theaters gelegen, hat eine enorme Vielfalt von Sorten – alle aus eigener Produktion – im Programm, die man auch durch eine Glasscheibe beobachten kann, ohne Farbstoffe, vorwiegend aus regionalen und saisonalen Rohstoffen hergestellt. Spezielle Ernährungsbedürfnisse nimmt man hier besonders ernst – glutenfreie, laktosefreie, zuckerfreie Sorten und vegane Eisvariationen sind speziell gekennzeichnet.

78 [F1] **Gelateria Zampolli,** Via Carlo Ghega 10, www.gelateriazampolli.com, Tel. 040 364868, geöffnet: Do.-Di. 9-1 Uhr. Zampolli ist in Triest der Inbegriff für Eis – kein Wunder, immerhin besteht das Eiscafé mit seiner Stuckverzierung und dem reichhaltigen Angebot seit über 100 Jahren. Cremeeis, Fruchteis und köstliche *granite* (gefrorene Süßspeisen mit sorbetähnlicher Konsistenz) – wer hier nicht fündig wird, ist selbst schuld. Übrigens auch ein wunderbarer Platz, um den Tag bei einem Brioche und einer Tasse Kaffee zu beginnen.

79 [D4] **Natura Gelato,** Piazza Hortis 6 a, Tel. 392 2243598, geöffnet: tgl. 12-20.30, Fr./Sa. 12-22 Uhr. Kleiner Eisladen im Cavana-Viertel mit originellen Geschmacksrichtungen, alles aus natürlichen Zutaten hergestellt, und einigen veganen Sorten im Programm.

072tr-bk

Triest am Abend

Musik, Theater, Filmfestivals – wer den Abend gern mit einem Kulturprogramm verbringt, kann in Triest zu jeder Jahreszeit eine beachtliche Auswahl an Events finden. Und auch wenn die Stadt nicht unbedingt der Inbegriff einer Partymeile ist, kommen auch Nachtschwärmer – gewusst wo – auf ihre Kosten. Dafür sorgt unter anderem die Studentenszene. Im Sommer verlagern sich auch am Abend viele Veranstaltungen unter freien Himmel – mit Freiluftkinos und -konzerten und DJ-Sessions in Strandbädern.

Klubs

Nachtschwärmer auf der Suche nach angesagten Bars und Klubs werden vor allem im aufblühenden Cavana-Viertel und rund um die Piazza dell'Unità d'Italia fündig, wo, wie es scheint, ständig neue Hotspots entstehen. Aber auch anderswo in der Stadt sind Klubs, Pubs oder Livemusik-Bühnen verstreut. Im Sommer ist entlang der Küstenstraße zwischen Miramare und Triest auch abends viel los, manche Bäder, etwa die in Grignano, organisieren nach Badeschluss gelegentlich Clubbings.

80 [D3] **Al Mandracchio,** Piazza dell'Unità d'Italia, Passo di Piazza Antonio Fonda Savio 1, Tel. 331 6525375, geöffnet: Di.–Sa. 0–4 Uhr. House und Pop auf mehreren vollen Dancefloors bis in die frühen Morgenstunden bietet das Mandracchio mitten im Herzen der Stadt. Singles auf der Suche sind im *giro* anzutreffen, einem speziellen Teil der Diskothek.

81 [G2] **Aqvedotto Caffe,** Viale XX Settembre 37c, Tel. 040 3727098, geöffnet: Mo.–Sa. 15–2, So. 17–1 Uhr. Im Aqvedotto kann man sich zum Kaffee oder Aperitiv treffen, spätabends noch

Die Via Torino [C4] im Cavana-Viertel ist eine angesagte Ausgehmeile

abhängen, oft Livemusik hören. Auch andere Veranstaltungen wie Lesungen stehen gelegentlich auf dem Programm.

82 [E3] **Colonial Super Club,** Via del Canale Piccolo 2/c, Tel. 338 6052683, geöffnet: Mi.–Sa. 22.30–4 Uhr. Die klassische Disco im Kolonialstil mit Türstehern, viel House und Cocktails ist ganz in der Nähe der Piazza della Borsa. Mittwochs ist Uniabend mit Hip-Hop, Dancehall und Reggaeton.

83 [G3] **Mushroom Bar,** Via S. Maurizio 4, Tel. 331 1690627, geöffnet: Mo.–Sa. 18–3 Uhr. Im Viertel Largo Barriere Vecchia, etwas abseits der ausgetretenen Pfade gelegen, zeichnet sich ein neues Trendviertel ab. Vorreiter ist das Mushroom, eine Künstlerkneipe mit Livemusik und anderen Events, kleinen Snacks (auch vegetarisch, glutenfrei etc.), guten Drinks und sehr spezieller Atmosphäre.

84 [H3] **Round Midnight Music Club,** Via del Ginnastica 39, Tel. 349 7177692, geöffnet: Sept.–Mai Mi.–So. 21–3 Uhr. DJs während der Woche, Live- und Jamsessions am Wochenende, eine attraktive Auswahl an Drinks: Das ist das Konzept des seit den 1990er-Jahren bestehenden Klubs. Die Musikauswahl reicht von Jazz bis Soul, von Rock bis Hip-Hop. Im Sommer veranstaltet das Round Midnight Team Sessions in der Stazione Rogers (s. rechts).

Theater, Musik und Konzerte

Von Operette bis Ballett, von Kabarett bis Jazz – das Kulturprogramm in Triest ist beachtlich. Zu den verschiedenen festen Bühnen kommen jede Menge Festivals und im Sommer Open-Air-Veranstaltungen. Einen guten Überblick über alles, was gerade läuft, findet sich unter www.turismofvg.it/Veranstaltungen oder www.trieste.com/calendario-eventi.html.

85 [H2] **Il Rossetti,** Viale XX Settembre 45, Tel. 040 3593511, www.ilrossetti.it. Das Politeama Rossetti, Teatro Stabile del Friuli Venezia Giulia, wie das altehrwürdige Haus mit vollem Namen heißt, hat ein breites Programm: von Theater über Ballett und Musical bis zum Puppentheater und Kammermusik.

86 [E2] **Teatro Miela,** Piazza Duca degli Abruzzi 3, Tel. 040 3477672, www.miela.it. Theater, Musik, Kino in Origi-

EXTRATIPP

Stazione Rogers – von der Tankstelle zum Kulturzentrum

Eine ungewöhnliche Location für Kunst und Kultur ist die Stazione Rogers. Ursprünglich war das Gebäude eine Tankstelle, geplant vom Architekten Nathan Rogers. Diesem ist auch die mittlerweile in ein Kulturzentrum umgebaute stazione in der Nähe des alten Hafens gewidmet. Hier gibt es regelmäßig Ausstellungen, eine Buchhandlung und ein Internetcafé, einen Infopoint für Besucher, man kann essen und trinken – und oft auch Musik hören.

★87 [B5] **Stazione Rogers,** Riva Grumula 14, Tel. 040 3229416, www.stazionerogers.eu

EXTRATIPP

Kulturprogramm bei freiem Eintritt

Im Sommer gibt es immer wieder Konzerte an zentralen Plätzen der Stadt, Kulturgenuss bei freiem Eintritt. Zum Beispiel im Rahmen der Initiative Trieste loves Jazz, die im Sommer Jazzkonzerte auf der Piazza Attilio Hortis oder der Piazza Giuseppe Verdi organisiert. Auch auf der Piazza dell'Unità d'Italia finden regelmäßig Konzerte statt. Das jeweils aktuelle Programm findet sich unter www.turismofvg.it/Veranstaltungen.

nalversion, Satire – vielfältige zeitgenössische Kunstformen jenseits des Mainstream stehen auf dem Programm des Teatro Miela, das 1990 von der Genossenschaft Bonaventura gegründet wurde. Das Team organisiert auch Festivals wie das renommierte Trieste Film Festival oder das Festival Latino Americano. Wer Italienisch kann, sollte sich das regelmäßig stattfindende, höchst amüsante Pupkin Kabarett nicht entgehen lassen, benannt nach dem Protagonisten im Film „The King of Comedy".

88 [D3] **Teatro Verdi,** Riva 3 Novembre 1, www.teatroverdi-trieste.com. Das Teatro Verdi wurde 1801 als Teatro Nuovo gegründet und ist damit eines der ältesten Opernhäuser Italiens. Von Nov. bis Mai sind vor allem Opern und Ballettaufführungen im Programm, im Herbst ist der Konzertkalender dicht. Im Juli und Aug. organisiert die Stiftung das Internationale Operettenfestival, das Besucher aus ganz Europa anzieht.

Im Borgo Teresiano kann man wunderbar shoppen

Triest für Shoppingfans

Triest ist nicht nur eine Hafen-, sondern auch eine Handelsstadt mit großer Tradition. Dem Handel verdankte die Stadt nach der Erhebung zum Freihafen 1719 ihren ökonomischen Aufstieg, und dieser blieb lange Zeit ein wesentlicher Wirtschaftsfaktor. Mit mehr als 4000 Läden, einigen Märkten und Kaufhäusern sind Kauflustige in Triest gut aufgehoben.

Eine Triestiner Besonderheit ist die Vielzahl an **Altwaren- und Antiquitätenläden,** in denen schon allein das Stöbern Spaß macht. Wer beim Shopping nicht nur sucht, was es überall gibt, sondern sich auf für Triest Typisches konzentrieren will, sollte einen Einkaufsbummel durch solche Geschäfte einplanen. Beim Infopoint Turismo FVG (s. S. 115) und in vielen Hotels liegt ein Lageplan der Antiquitätengeschäfte aus.

Triest gilt zu Recht als eine „Stadt der Dichter", und das spiegelt sich auch im breiten Angebot an **Buch-**

Shoppingareale

Die wichtigsten Shoppingbereiche der Stadt sind im Kartenmaterial mit einer rötlichen Fläche markiert.

handlungen wider. Nicht alle, aber doch einige haben eine gute Auswahl an fremdsprachiger Literatur im Repertoire. Besonders hoch ist in Triest traditionell die Dichte an Läden, die **Mode, Schuhe und Taschen** in allen Qualitäts- und Preiskategorien anbieten – auch wenn zuletzt einige alteingesessene Textilgeschäfte schließen mussten. Typisch „Regionales" ist hier allerdings kaum vertreten, zu finden sind die üblichen großen italienischen und internationalen Labels.

Zu den beliebten Einkaufsmeilen von Triest gehört das **Borgo Teresiano** zwischen dem **Corso Italia** 13 und dem **Canal Grande** 14, die Gegend rund um die **Piazza della Borsa** 2 und die **Via Giosuè Carducci** [F2/3]. Hier gibt es eine große Menge an Boutiquen, Schuh- und Lederwarengeschäften, aber auch Haushaltswarenläden und Buchhandlungen.

Ein beeindruckender Fundus an wertvollen Antiquitäten ebenso wie an liebenswertem Trödel ist im einstigen Getto hinter der Piazza dell'Unità d'Italia 1 und in den Gassen rund um die Via di Cavana zu finden. Im **Cavana-Viertel** (s. S. 41) sind im Zuge der Renovierungs- und Revitalisierungsarbeiten der letzten Jahre zuletzt neben neuen Lokalen und Klubs auch kleine Kunsthandwerksläden entstanden.

Informationen zu den Öffnungszeiten finden sich im reisepraktischen Teil des Buches (s. S. 120).

Altwaren und Antiquitäten

89 [D3] **Katastrofa,** Via Armando Diaz 4, Tel. 338 2272351, www.katastrofa.it, geöffnet: Di.–Sa. 10–12.30 und 16–19.30 Uhr. Mit seinem Motto „Wir verkaufen Träume" passt der bunte Laden perfekt ins trendige Cavana-Viertel: Angeboten werden restaurierte Möbel und Objekte aller Art, außerdem eine beeindruckende Kollektion alter Film- und Fotokameras, elegantes Silber und alte Spiele.

90 [D3] **Rigatteria,** Via Malcanton 12, Tel. 040 630866, www.rigatteria.com, geöffnet: Di.–Sa. 9–12.30 und

EXTRATIPP

Antiquitätenmarkt und -messe

Jeden dritten Sonntag des Monats findet in der Via delle Becchierie Vecchie [D/E3] und in den Gassen des ehemaligen Gettos 5 hinter dem Rathaus ein **Antiquitätenmarkt** mit mehr als 60 Ständen statt – auch im Winter. Auch die Altwarengeschäfte des Viertels haben an diesen Sonntagen geöffnet.

Länger als 30 Jahre fand in Triest jährlich im Spätherbst im großräumigen Salone degli Incanti (Ex-Pescheria 26), dem ehemaligen Fischmarkt, die **Trieste Antiqua** statt, die wichtigste Antiquitätenausstellung Mitteleuropas. Ein Termin für 2019 steht allerdings noch nicht fest und ob und in welcher Form die beliebte Schau in Zukunft stattfinden wird, ist unklar. Mehr als 50 Aussteller, vorwiegend aus Italien und den Nachbarländern, präsentieren Bilder, Stiche, Wandteppiche, Ikonen, Gold- und Silbergegenstände, Fotografien, Münzen, Möbel, Uhren und Schmuck. Aktuelles zur Messe unter www.triesteantiqua.com.

013tr-RZPR

Eine Institution ist dieser Stand mit antiquarischen Büchern im Herzen des ehemaligen Gettos 5

16–19.30 Uhr. Im Herzen des ehemaligen jüdischen Gettos gelegen, ist die Rigatteria recht typisch für das Sammelsurium an Dingen, die man in diesem Viertel finden kann. Ein Kernstück sind antiquarische Bücher, zum Teil auch Raritäten, Briefmarken und alte Postkarten, Fotos und Vinylplatten. Angeboten werden auch Möbel und andere Objekte in großer Bandbreite – von Stücken aus dem 18. Jahrhundert bis zu Schätzen aus den 1950er-Jahren.

Bücher, Musik und Filme

91 [F3] **La Feltrinelli Libri e Musica,** Via Giuseppe Mazzini 39, Tel. 0291947777, www.lafeltrinelli.it, geöffnet: Mo.–Fr. 9–19.30, Sa. 9–20, So. 10–13 und 15.30–19.30 Uhr. Die Triestiner Niederlassung der großen Buchhandelskette hat auf drei Etagen ein großes Angebot an Büchern, CDs, DVDs und Blue-Rays sowie Schreibwaren. Die fremdsprachige Bücherecke im ersten Stock ist vergleichsweise gut sortiert, vorwiegend mit deutschen, englischen und spanischen Titeln.

92 [E3] **Libreria Antiquaria Umberto Saba,** Via San Nicolò 30, Tel. 040 631741, geöffnet: Di.–Sa. 10–12.30 und 16–19.30 Uhr. Die antiquarische Buchhandlung liegt im Borgo Teresiano, ein paar Schritte vom Corso Italia entfernt. 1904 als Libreria Mayländer gegründet, wurde sie 1919 vom Dichter Umberto Saba übernommen und zu einem Zentrum des intellektuellen Lebens in Triest – eine Beschreibung, die bis heute für diesen traditionsreichen Laden passt. Mario Cerne, der Sohn von Carlo „Carletto“ Cerne, der als Compagnon von Saba in die Buchhandlung eingestiegen war, bietet antiquarische Bücher, auch viele Raritäten, Drucke und historische Landkarten.

93 [E3] **Libreria Minerva,** Via S. Nicolò 20, Tel. 040 369340, www.libreria-minerva.it, geöffnet: Di.–So. 9–20 Uhr. Diese schöne eigentümergeführte Buchhandlung mit hervorragendem Service und eigenem Veranstaltungsprogramm hat auch eine Reihe deutschsprachiger Titel im Sortiment.

94 [D3] **Libreria Ubik,** Piazza della Borsa 15, Tel. 040 762947, www.ubiklibri.it, geöffnet: Mo.–Sa. 9–20, So. 10–13 und 15.30–19.30 Uhr. Die Buchhandlung befindet sich in der als Galleria bekannten Ladenzeile im Erdgeschoss des Palazzo Tergesteo und bietet in diesem traditionsreichen Umfeld eine große Auswahl an Literatur über Triest und das Friaul. Gut sortiert ist auch die fremdsprachige Abteilung mit Publikationen auf Deutsch, Englisch, Französisch und Spanisch.

95 [F2] **Transalpina Libreria Internazionale,** Via di Torre Bianca 27, Tel. 040 662297, www.transalpina.it, geöffnet: Di.–Sa. 9–12.30 und 16–19 Uhr. Die Buchhandlung im Borgo Teresiano, die auch eigene Titel verlegt, ist besonders bekannt für das umfassende Sortiment an Reiseliteratur.

Haushaltswaren

96 [E3] **Cesca,** Via Roma 10, Tel. 040 368628, geöffnet: Di.–Sa. 9–19.30 Uhr. Gläser und Geschirr, Messer und Kochlöffel, Kuchenformen und Mokkamaschinen, Trüffelhobel und Besteck – eine Vielfalt von Haushaltsartikeln, die nicht nur Hobbyköche begeistert, bietet der Haushaltsladen im Borgo Teresiano. Altmodische Atmosphäre kombiniert mit freundlicher Beratung machen den Einkauf zum Genuss.

97 [F3] **Podrecca,** Via Giuseppe Mazzini 42, Tel. 040 636090, geöffnet: Mo.–Sa. 9.15–13.30 und 16.–19.30 Uhr. Das Haushaltwarengeschäft im Herzen des Borgo Teresiano ist eine der vielen traditionellen Triestiner Institutionen im Einzelhandel, die hartnäckig großen Ketten und Einkaufszentren trotzen. Hier findet man ein umfangreiches Sortiment an Tellern und anderem Geschirr aus Keramik, Porzellan und Kupfer, zum Teil mit regionalem Dekor, sowie Gläser und Kristall.

EXTRATIPP

Outlet – viel Mode um wenig Geld

Auch wenn es im Stadtzentrum unzählige Kleidergeschäfte für jeden Geschmack und jedes Budget gibt, geht auch an Triest der Trend zum Outlet – üblicherweise am Stadtrand gelegen – nicht spurlos vorbei. Ein populäres Outlet, Diffusione Tessile, liegt in Richtung Muggia an der Strada Provinciale Farnei im Einkaufszentrum Arcobaleno. Hier findet man günstige Abverkaufsware von Max Mara, Marina Rinaldi, Pennyblock und anderen. Attraktiv ist die Stoffabteilung, wo es günstige Reststoffe von großen Markenanbietern wie Missoni oder Max Mara zu kaufen gibt.

98 **Intrend – Diffusione Tessile,** Arcobaleno Muggia, Strada Provinciale Farnei 42/a, Tel. 040 9235089, https://it.intrend.it/store/0100520, geöffnet: tägl. 9.30–19.30 Uhr

EXTRAINFO

Scontrino: Vorsicht, Kontrollen

In Italien gibt es die gesetzliche Pflicht für Geschäfte, für jeden Zahlungsvorgang einen Kassenzettel *(scontrino fiscale)* auszustellen. Gibt es den nicht, drohen saftige Strafen – und zwar für Verkäufer ebenso wie für Kunden. Nehmen Sie also immer den Kassenbon mit, es könnte auch auf der Straße kontrolliert werden.

Kaufhäuser und Einkaufszentren

99 [ci] **Centro Commerciale Torri d'Europa,** Via Svevo 14, Tel. 040 637448, geöffnet: Mo.–Sa. 9–20.30, So. 10–20.30 Uhr. Wer in Triest, trotz des reichhaltigen Angebots an kleinen Läden im Zentrum, das Flair einer richtigen Shoppingmall sucht, wird sich im Torri d'Europa gut aufgehoben fühlen. 120 Shops, ein großer Supermarkt, Restaurants und Fastfoodketten, Kinos – hier gibt es nichts Typisches, aber dafür von allem etwas.

100 [E3] **Coin Excelsior,** Corso Italia 16, Tel. 040 3728000, www.coin.it/stores/trieste-corso-italia-16 geöffnet: Mo.–Sa. 9.30–20 Uhr, So. 10–20 Uhr. Die Triestiner Niederlassung der Kaufhauskette Coin ist zentral gelegen auf dem Corso Italia und bietet Damen-, Herren- und Kindermode, Schuhe und Taschen, eine Parfümerie- und eine Haushaltsabteilung. Oft interessante Ausverkäufe – vor allem in den Monaten Januar/Februar und Juli/August.

101 [F3] **UPIM,** Corso Italia 18, Tel. 040 638192, www.upim.it, geöffnet: Mo.–Fr. 9–19.30, Sa./So. 9–20 Uhr. Gleich neben dem Konkurrenten Coin auf dem Corso Italia gelegen, führt auch UPIM Mode, Parfümeriewaren und Haushaltsartikel.

EXTRATIPP

Shop'n'Stop

Vom erschöpfenden Shopping bei einer Tasse Kaffee oder einem Aperitif in schönem, historischem Ambiente ausruhen und gleichzeitig in Büchern stöbern und schmökern? Im traditionsreichen Caffè San Marco (s. S. 77) in der Via Cesare Battisti 18, in dem auch schon bekannte Schriftsteller verkehrten, ist das möglich.

Kulinarisches zum Mitnehmen

102 [C4] **Eataly Trieste,** Riva Tommaso Gulli 1, Tel. 040 2465701, www.eataly.net/it_it/negozi/trieste, geöffnet: Mo.–Do. und So. 9–22.30 Uhr, Fr./Sa. 9–24 Uhr. Gourmettempel in bester Lage an der Hafenpromenade: Kaffeetrinken, Kleinigkeiten probieren, Speisen mit Meerblick, Spezialitäten der italienischen Küche einkaufen, die Vinothek im Kellergeschoss besuchen – das und vieles mehr kann man im Eataly.

103 [E3] **Enoteca Bischoff,** Via Giuseppe Mazzini 21, Tel. 040 631422, www.bischoff.it, geöffnet: Mo.–Sa. 9.30–13 und 16–19.30 Uhr. Die Vinothek, die stolz die Jahreszahl „seit 1777" im Logo führt, bietet eine große Weinauswahl, darunter auch viele Weine aus der Region, und eine Reihe von Delikatessen wie Aufstriche, Trüffelcreme oder Tomatensaucen – ohne Barbetrieb.

104 [D3] **illyteca,** Via Luigi Einaudi 2a, Tel. 040 2462230,www.illy.com/it-it/company/store-eventi/illy-shop/trieste, geöffnet: Mo.–Fr. 9–13 und 16–19.30, Sa. 9–19.30 Uhr. In der Kaffeehauptstadt sollte ein Abstecher in den Illy-Flagship-Store ganz in der Nähe der alten Börse eingeplant werden. Abgesehen vom Hauptartikel Kaffee gibt es hier Kaffeemaschinen aller Größen, Mokkatassen, aber auch Tee, Konfitüren, Wein und Schokolade.

105 [D4] **La Piccola Bottega Spiritosa di Piolo & Max,** Via Felice Venezian 11, Tel. 040 246 0223, https://pioloemax.it, geöffnet: Mo.–Mi. 16–19.30, Do.–Sa. 10–13, 16–19.30 Uhr. Piolo und Max bieten in Ihrem Laden im Cavana-Viertel und im Online-Shop selbst produzierte Spirituosen aller Art, überwiegend aus biologischem Anbau.

106 [E3] **Panificio Pasticceria Viezzoli,** Via Cassa di Risparmio 7, Tel. 040 368624, geöffnet: Mo.–Sa. 7–20, So.

EXTRAINFO

Supermarkt statt Feinkostladen?

Lebensmittel einzukaufen macht in Triest Spaß, dafür sorgt schon das große Angebot an hervorragenden Feinkostläden. Aber auch wer für alltäglichere Besorgungen in den Supermarkt ausweichen will, ist im Zentrum und natürlich, wie überall, am Stadtrand gut bedient. Die wichtigsten Ketten sind Coop, Pam, Despar – die italienische Version der deutsch-österreichischen Spar-Kette – und Europspesa. Viele Supermärkte haben auch sonntags geöffnet.

9–14 Uhr. Mehr als eine Bäckerei, mehr als eine Konditorei, mehr als bloß eine Bar: Hier gibt es viele köstliche Brotspezialitäten, kreative Desserts aller Art, traditionelle Triestiner Süßigkeiten wie Presnitz oder Putizza und einen Café-Bar-Betrieb.

107 [F2] **Pasticceria La Bomboniera,** Via XXX Ottobre 3, Tel. 040 632752, www.pasticcerialabomboniera.com, geöffnet: Di.–Sa. 9–13 und 17–20, So. 9–13 Uhr. Die Jugendstil-Konditorei in der Nähe der neoklassizistischen Kirche Sant'Antonio Nuovo, unweit des Canal Grande, führt seit 1836 traditionelle österreichisch-ungarische Süßwaren: Sacher- und Linzertorte, Marzipanfrüchte und Pischinger-Waffeln, mit süßer Sahne gefüllte Cannoli und Schokospitz – da sind Diät-Vorhaben rasch einmal vergessen.

108 [D4] **Torrefazione La Triestina,** Via di Cavana 2, Tel. 040 306586, www.torrefazionelatriestina.it, geöffnet: tägl. 8–20 Uhr. Schon vor der Tür ist der Duft von frisch geröstetem Kaffee bestechend. In der kleinen Rösterei kann man nicht nur auf Einkaufstour eine Kaffeepause einlegen, sondern auch viele Kaffees, Tees und Schokoladen erwerben.

Kunsthandwerk

109 [D3] **Renditi Conto,** Via Luigi Cadorna 3/A, www.triesteartandcraft.com/laboratori/renditi-conto, Tel. 040 347600589, geöffnet: Di.–Sa. 9.30–13 und 16–19.30 Uhr. *Renditi conto* heißt „stell dir vor" und beschreibt das bunte Angebot dieses modernen Kunsthandwerk- und Geschenkeladens gut. Stell Dir vor, was es alles gibt. Von alten Kleinmöbeln bis Bilderrahmen, von Schachteln bis Geschirr, es gibt kaum ein Objekt, aus dem Carla Vlah und Lorena Paparo nicht etwas Neues schaffen. Originelles, Kurioses, manchmal haarscharf am Kitsch vorbei.

110 [E3] **Rowell Design Trieste,** Via del Ponte 7, Tel. 348 2438790, geöffnet: Mo.–Sa. 10–19 Uhr. Peter Rowell, ein Ire, den es nach Triest verschlagen hat, bietet hier ein außergewöhliches Sortiment von lokalen Designartikeln, zum Beispiel Schmuck von jungen Künstlern aus der Region und Kuriositäten aus seiner irischen Heimat. Eine kleine, farbenfrohe Insel der Kreativität mitten im Getto zwischen Trödel- und Antiquitätenläden und Bars. Jede Menge guter Tipps für den Triest-Aufenthalt werden vom Betreiber mitgeliefert.

Märkte

111 [G3] **Mercato Coperto,** Via Giosué Carducci 36, geöffnet: Di.–Sa. 8–17 Uhr. Der 1936 errichtete „bedeckte Markt", eine traditionelle Markthalle in der Nähe der Piazza Carlo Goldoni mit einer markanten turmartigen Bauweise, bietet auf zwei Etagen ein besonderes Einkaufserlebnis: Fleisch, Geflügel, Fisch, Obst und Gemüse im Erdgeschoss und ein buntes Warenangebot von Kleidern, Schuhen und Souvenirs im ersten Stock. Eine Aufwertung der Markthalle mit neuen Geschäften und Bars ist geplant.

EXTRATIPP

Chinatown

Was die Triestiner oft eher abfällig als liebevoll als ihr „Chinatown“ bezeichnen, beschreibt das Viertel nördlich des Canal Grande 14 bis zum Hauptbahnhof 23. Wer sich, wie in den chinesischen Vierteln anderer Städte, eine reichhaltige asiatische Gastronomie erwartet, liegt hier allerdings falsch. Gemeint sind vielmehr die vielen vor allem von chinesischen Händlern geführten Geschäfte mit einem bunten Angebot an Billigwaren – von Kleidern, Schuhen und Taschen über Spielzeug und Kosmetik bis hin zu Haushaltswaren. Ein Hintergrund dieser Entwicklung: Nach dem Zweiten Weltkrieg bis in die späten 1980er-Jahre war Triest ein wichtiger Umschlagplatz für Jeans, Lederwaren, Schuhe, Strümpfe – kurzum für vieles, was im ehemaligen „Ostblock“ kaum zu bekommen war. Vor allem Menschen aus dem damaligen Jugoslawien, die viel ungehinderter reisen konnten als Bürger der kommunistischen Länder, deckten sich hier mit Waren aller Art ein, nicht nur für den Eigenbedarf, sondern für den Weitervertrieb bis in die ehemalige Sowjetunion. Nach dem Fall des „Eisernen Vorhangs“ und dem Zerfall Jugoslawiens verlor dieser schwunghafte Handel völlig an Bedeutung – und chinesische Migranten sahen, wie in vielen anderen europäischen Städten auch, in den frei werdenden Kapazitäten vielversprechende Verdienstmöglichkeiten. In den früheren Jeansläden entstand so das neue Angebot „Made in China“.

Mode und Accessoires

112 [D3] **Ary's Boutique,** Via San Sebastiano 2, Tel. 040 300459, geöffnet: So./Mo. 10.30–13, Di.–Sa. 9–13.30 und 16–18 Uhr. Die kleine Boutique im Cavana-Viertel führt ausgefallene Kleider, Blusen, Tücher und Accessoires – auch in großen Größen.

113 [E3] **Boggi,** Palazzo Tergesteo, Piazza della Borsa, Tel. 040 763703, geöffnet: Mo. 15–19.30, Di.–Fr. 10–13.30 und 15–19.30, Sa. 10–19.30, So. 10.30–13 und 15–19.30 Uhr. Schicke Männermode aus Mailand, jetzt auch in Triest. Traditionell und stylisch seit 1939, aber alles andere als verstaubt. Gute Qualität.

114 [E3] **Cheap&Chic,** Via Dante Alighieri 7/c, Tel. 338 6532388, geöffnet: Mo.–Sa. 9.30–20 Uhr. Typisch für die kleinen Boutiquen im Borgo Teresiano: Mode, Taschen und Schuhe zu erschwinglichen Preisen.

115 [E3] **Luisa Spagnoli,** Corso Italia 1, Tel. 040 3480013, www.luisaspagnoli.it, geöffnet: So./Mo. 10.30–12.30 und 16–19, Di.–Sa. 10–19.30 Uhr. Die Filiale der traditionsreichen Damenmoden-Marke aus Perugia eröffnet die Modemeile auf dem Corso Italia. Elegante, hochwertige Mode, die ihren Preis hat.

116 [F3] **Rigutti,** Via Giuseppe Mazzini 43, Tel. 040 631283, www.rigutti.it, geöffnet: Mo. 9.30–13 und 15–19.30, Di.–Sa. 9–13 und 15–19.30 Uhr. Der klassische „Herrenausstatter“ bietet eine große Auswahl an Anzügen, Sakkos, Hosen, Hemden, Mänteln, Ledermode, Schuhen, Gürteln und Krawatten.

117 [C4] **Urbanwear,** Via Torino 13, Tel. 040 3229548, www.urbanwear.it, geöffnet: Di.–Sa. 9–19.30 Uhr. Der Concept Store, der sich dem Motto „Art & Shop“ verschrieben hat, liegt im Herzen des Cavana-Viertels.

118 [F3] **White Abbiglamento Donna,** Via Mazzini 40, 040 367722, www.white-abbigliamento.it, geöffnet Mo.–Sa. 9.30–19.30 Uhr. Hier bekommt man trendige Damenmode und Accessoires. Weitere Filialen dieser Boutique gibt es an mehreren zentralen Orten in Triest.

Parfümerien und Drogeriewaren

119 [F3] **Drogheria Vittorio Toso,** Piazza San Giovanni 6, Tel. 040 636288, geöffnet: Mo., Mi. 8–13, Di., Do.–Sa. 8–13 und 16.30–19 Uhr. Dieses schöne Beispiel für eine alte Drogerie und Kolonialwarenhandlung ist eine Freude für Augen und Nase. Die ursprüngliche Einrichtung aus dem Jahr 1906 ist im Original erhalten, das Angebot umfasst Seifen aller Art, auch die klassische Kernseife, Gewürze, Heilpflanzen, Besen. Eine besondere Attraktion ist die große Auswahl an Naturschwämmen. Die Drogerie, die seit den 1970er-Jahren von den Geschwistern Nadia und Mauro Kosmina geführt wird, ist eine Triestiner Institution.

120 [F3] **L'Antro del Profumo,** Via Giuseppe Mazzini 36, Tel. 040 631190, geöffnet: Di.–Fr. 9.30–12.30 und 15.30–19.30, Sa. 9.30–12.30 und 15.30–19 Uhr. Wer das Antro del Profumo betritt, glaubt sich in eine andere Zeit versetzt: Rasierpinsel und -messer in großer Auswahl, Naturschwämme, Kämme, ein breites Sortiment an Seifen – unter anderem der berühmte *sapone di Marsiglia* –, Original Kölnisch Wasser 4711. Alles wirkt ein wenig altmodisch in der bereits im Jahr 1873 gegründeten und somit angeblich ältesten Parfümerie Triests – und sehr romantisch. Unter den ausgewählten Düften finden sich beispielsweise Raritäten der frühen 1990er-Jahre und alte Kollektionen, die sonst kaum noch zu haben sind.

121 [E3] **Profumeria Essenze,** Piazza Sant'Antonio 4, Tel. 3387310211, www.essenzetrieste.com, geöffnet: Di.–Sa. 10–13 und 16–19.30 Uhr. Die kleine, feine Parfümerie nahe der Kirche Sant'Antonio führt ausgewählte Düfte bekannter Marken ebenso wie individuell kombinierbare Essenzen, hochwertige Kosmetik und Modeschmuck.

Triest zum Träumen und Entspannen

In Triest herrscht an vielen Orten mediterran-mitteleuropäische Wohlfühlatmosphäre. In den romantischen, verwinkelten Gassen der Altstadt kann man flanieren und von einem gemütlichen Platz aus den Blick über den Golf von Triest schweifen zu lassen, hat auf jeden Fall einen entspannenden Effekt. Mit Sicherheit Ruhe finden kann man bei Spaziergängen in den zahlreichen Parkanlagen der Stadt.

Triest ist keineswegs eine hektische Stadt. Und es gibt viele romantische Ecken zu erkunden, zum Beispiel beim Flanieren durch die verwinkelten Gassen des ehemaligen Gettos und der Altstadt. Wer von den vielen Entdeckungen einmal eine Pause braucht, findet dafür eine Menge Möglichkeiten. Hervorragend eignen sich dafür zu allen Jahreszeiten etwa die prachtvollen historischen Kaffeehäuser der Stadt. Bei einem Cappuccino oder Glas Wein in einem Buch schmökern, Zeitung lesen, oder einfach nur die Atmosphäre genießen, das kann man zum Beispiel hervorragend im Caffè San Marco (s. S. 77) in der Via Cesare Battisti oder im Caffè Tommaseo (s. S. 77) – hier sogar vis-à-vis vom Meer. Einen hohen Wohlfühl- und Entspannungsfaktor, besonders in der warmen Jahreszeit, hat es auch, in einem der direkt am Canal Grande gelegenen Lokale einen Zwischenstopp zu machen. Ein Ruhepol mitten in der Stadt ist der Viale XX Settembre: Der Autoverkehr ist aus dieser 600 Meter langen Allee, die von Cafés, Bars und Eiscafés gesäumt ist, weitgehend verbannt.

073tr-mb

Grüne Oasen

Wer zur Entspannung gerne viel Grün um sich hat, kann in den vielen Parks der Stadt Erholung finden. Ein Favorit dafür, weil recht zentral gelegen, ist der **Giardino Pubblico** 20, eine grüne Oase nicht weit vom Stadtzentrum mit einem hübschen Teich und prachtvollen alten Bäumen. Der flächenmäßig größte Park in der Stadt ist der **Parco del Farneto** (Eschenpark). Er erstreckt sich über mehrere Stadtviertel – San Giovanni, San Luigi und Melara.

EXTRATIPP

Rundumblick am Meer

Gegenüber der Piazza dell'Unità d'Italia führt eine fast 250 Meter lange Mole ins Meer – der Molo Audace 25. Ein Ort zum Schlendern, Träumen, Ausruhen – und um den traumhaften Rundumblick auf die Stadt und das Meer zu genießen. Ganz besonders romantisch ist es, von hier aus den Sonnenuntergang zu erleben.

Ein sehr spezieller Platz mit viel Atmosphäre ist der Park auf dem Gelände der ehemaligen psychiatrischen Klinik **San Giovanni.** Diese bestand hier von 1903 bis in die späten 1970er-Jahre, als Franco Basaglia seine europaweit vorbildliche Psychiatriereform umsetzte und die Schließung der „geschlossenen" Anstalten durchsetzte. Heute befinden sich auf dem Gelände Kultur- und Sozialinitiativen, Genossenschaften, Lokale, Beratungsstellen und Betreuungseinrichtungen. Der weitläufige, 22 Hektar große Park ist öffentlich zugänglich, eine seiner Attraktionen ist der Rosengarten.

★122 [ch] **Parco di San Giovanni,** www.parcodisangiovanni.it, Nordeingang: Via Alfonso Valerio, Südeingang: Via San Cilino

Im Giardino Pubblico 20 kann man unweit des Zentrums herrlich entspannen

Zur richtigen Zeit am richtigen Ort

Sportliche Events wie die Barcolana oder die Bavisela, Film- und Musikfestivals, Messen und Märkte: Triest hat seinen Besuchern nicht nur in den Sommermonaten zahlreiche Veranstaltungen und Events zu bieten.

Was wann und wo genau stattfindet, erfährt man im Internet unter www.turismofvg.it/Veranstaltungen, www.trieste.com/calendario-eventi.html oder www.discover-trieste.it.

Faschingsumzug in Opicina, wo der Karstkarneval ausgelassen gefeiert wird

Januar bis März

- Am **6. Januar** bringt in Italien einer alten Tradition zufolge die Befana, eine freundliche Hexe, den Kindern Geschenke. Aus diesem Anlass gibt es an verschiedenen Orten Feste und Spektakel für Kinder. Sehenswert sind die **Befaniadi in Muggia** und das spektakuläre **Befana-Fest in der Grotta Gigante.**
- Eröffnet wird das kulturelle Jahr mit dem **Trieste Film Festival** im **Januar** – eines von mehreren cineastischen Festivals der Stadt. Es widmet sich vor allem dem mittel- und osteuropäischen Kino (www.triestefilmfestival.it).
- Im **Februar** wird in **Muggia Karneval** gefeiert **(Carnevale Muggesano).** Den Höhepunkt bildet der große farbenfrohe Umzug am Faschingssonntag mit Karnevalswagen und aufwendigen Kostümen, die von acht Karnevalskompanien monatelang vorbereitet werden (www.carnevaldemuja.com). Auch in **Opicina** gibt es einen Faschingsumzug, am Samstagnachmittag wird dort der Karstkarneval *(Kraški pust)* gefeiert (www.kraskipust.org).

Gesetzliche Feiertage

- **1. Januar:** Neujahr *(Capodanno)*
- **6. Januar:** Heilige Drei Könige *(Epifana, La Befana)*
- **März/April:** Ostermontag *(Pasquetta)*
- **25. April:** Tag der Befreiung Italiens *(Anniversario della Liberazione)*
- **1. Mai:** Tag der Arbeit *(Festa del Lavoro)*
- **2. Juni:** Tag der Republik *(Festa della Repubblica)*
- **15. August:** Mariä Himmelfahrt *(Ferragosto)*
- **1. November:** Allerheiligen *(Ognisanti, Tutti i Santi)*
- **3. November:** Fest des Stadtheiligen San Giusto *(Festa di San Giusto)*
- **8. Dezember:** Mariä Empfängnis *(Immacolata Concezione)*
- **25. Dezember:** 1. Weihnachtsfeiertag *(Natale)*
- **26. Dezember:** 2. Weihnachtsfeiertag *(Santo Stefano)*

- Mit Maskenumzügen durch das Stadtzentrum empfehlen sich beim **Carnevale di Trieste** die Karnevalsgilden der Triestiner Stadtviertel für den begehrten Karnevalspreis (www.carnevaletrieste.it/wp).
- Im **März** treffen sich auf dem Messegelände Ölproduzenten beim **Salone Olio Capitale.** Neben den Ständen, an denen Hersteller ihre hochwertigen Olivenöle verkaufen und Kostproben anbieten, gibt es auch Vorträge und Workshops rund ums Öl (www.oliocapitale.it).

April bis Juni

- Im **April** findet mit der **Horti Tergestini** im Park von San Giovanni (s. S. 90) eine große Blumen- und Gartenschau statt – bei freiem Eintritt (www.hortitergestini.it).
- Am ersten Sonntag im **Mai** wird das **Trieste Running Festival** veranstaltet, ein Marathonlauf, der in Gradisca d'Isonzo startet, der Zieleinlauf befindet sich auf der Piazza dell'Unità d'Italia (www.triesterunningfestival.com). Neben dem Hauptrennen finden auch ein Halbmarathon und ein Volkslauf *(Maratonina Euro-*

pea dei due Castelli) vom Schloss Miramare zum Schloss Duino statt, ebenso wie ein eigener Doggie-Run. Ein Sportevent mit Volksfest-Charakter.

- Im **Mai** präsentiert sich bei der **Bioest** die Bio- und Alternativwirtschaft, insbesondere sind Produzenten von biologischen Lebensmitteln aus Italien, Österreich, Slowenien und Kroatien im Rahmen einer großen Messe vertreten (www.bioest.org).
- Mitte **Mai** findet der internationale Kammermusikwettbewerb **Premio Trio di Trieste** statt (www.acmtrioditrieste.it).
- Am **23. Juni** wird die **Notte di San Giovanni** gefeiert, Höhepunkt ist das Sommerfeuer (Park San Giovanni, s. S. 90).
- Konzerte, Seminare und Vorträge zur Geschichte der Kelten gibt es alljährlich beim **Festival Celtico Internazionale Triskell** im **Juni** (www.celticevents.org).

Die Piazza dell'Unità d'Italia ❶ *in einer Nachtansicht: repräsentativer Mittelpunkt der Stadt – und des Nachtlebens*

Juli bis September

- Von **Ende Juni bis Mitte September** finden im Rahmen von **Trieste Estate** Jazz-, Rock- und klassische Konzerte und Theatervorstellungen im Freien statt (www.trieste.com/calendario-eventi.html).
- Im **Juli** kommen Kurzfilmfans auf ihre Kosten, beim **International ShorTS Film Festival** (www.maremetraggio.com).
- Von **Mitte Juli bis Mitte August** veranstaltet die Stadt Triest das Festival **Trieste Loves Jazz** (www.triestelovesjazz.com).
- Die Operette kommt im **Juli/August** mit dem **Festival Internazionale dell'-Operetta** im Teatro Verdi zu ihrem Recht.
- Im **August** wird in **Muggia** nochmals Karneval gefeiert, der **Eurocarnevale Estivo.** Geboten werden zahlreiche Konzerte und der **International Carneval Run.**
- Alle zwei Jahre, beginnend am letzten Donnerstag im **August,** werden im Karstdorf Monrupino die **Nozze Carsiche** gefeiert, die Karsthochzeit, bei der Brautpaare nach alter Karsttradition getraut werden. Alle Zeremonien finden in slowenischer Sprache statt.

058tr-fo©Francesco83

020tr-fg©Fabrice Gallina/Bildarchiv TurismoFVG

› **Ende September** findet in Triest alljährlich das Wissenschafts-Festival **Trieste next** statt, bei dem sich die zahlreichen wissenschaftlichen Einrichtungen der Stadt präsentieren (www.triestenext.it).

Oktober bis Dezember

› Immer am **zweiten Wochenende im Oktober** findet seit mehr als 40 Jahren die **Barcolana** statt, eine legendäre Regatta, die nicht nur Hunderte von Sport- und Hobbyseglern, sondern auch zahllose Besucher anlockt. Schon Tage vorher herrscht Volksfeststimmung entlang der Küste, vor allem an der Uferpromenade von Barcola (www.barcolana.it).

› Jährlich im **Oktober** gibt es nochmals zwei cineastische Highlights – das **Festival del Cinema Latino Americano** (www.cinelatinotrieste.org) und das **SciencеplusFiction** – Trieste International Science Fiction Film Festival (www.sciencefictionfestival.org).

› **Ende Oktober** findet das **Trieste Coffee Festival** statt, das die Triestiner Kaffeekultur fördern und bekannt machen soll (www.triestecapitaledelcaffe.it).

› **Kurz vor Allerheiligen** wird Triest traditionell zur Hauptstadt der Antiquitätenkenner, wenn im Gebäude des ehemaligen Fischmarkts (Ex-Pescheria **26**) die **Trieste Antiqua** stattfindet. Leider steht ein Termin für 2019 noch nicht fest und die Zukunft der Messe ist unklar (s. S. 83).

› **Mitte November** kommen bei **Trieste in Cioccoloato** auf der Piazza Sant'Antonio Nuovo [E3] Schokoladenliebhaber auf ihre Kosten.

› Im **Advent** gibt es quer durch die Stadt, von der Piazza di Cavana bis zur Piazza Sant'Antonio, **Weihnachtsstände** mit Kunsthandwerk, Süßigkeiten und Geschenken. Eine besondere Attraktion sind die lebensgroßen Weihnachtskrippen auf der Piazza dell'Unità d'Italia und der Piazza Sant'Antonio.

› Am **26. Dezember** feiern die Taucher der Region im Rahmen der **Natale Sub** gemeinsam gegenüber der Piazza dell'Unità d'Italia eine Weihnachtsmesse – natürlich unter Wasser. Ein Priester hält in einer Unterwasserglocke die Messfeier ab. Wer nicht taucherprobt ist, kann am Ufer eine Liveübertragung verfolgen.

Barcolana: Segelregatta im Wasser und Volksfeststimmung zu Lande

TRIEST VERSTEHEN

086tr-nb

Triest – ein Porträt

Einst der wichtigste Seehafen der Habsburger Monarchie, ist Triest in vielerlei Hinsicht geprägt von seiner exponierten geografischen Lage und seiner wechselvollen Geschichte. Jahrhundertelang lag die Stadt, eingebettet zwischen dem Kalksteinplateau des Karst und dem Golf von Triest, an der **Schnittstelle von Kultur- und Sprachräumen.** Vor diesem speziellen Hintergrund hat die Adriametropole mit vielen Besonderheiten aufzuwarten, die sie von anderen italienischen Städten merklich unterscheiden – architektonisch, kulturell, sprachlich oder kulinarisch.

Triest ist die **östlichste Großstadt Italiens,** am gleichnamigen Golf gelegen und nur wenige Kilometer von der slowenischen Grenze entfernt. Das Bild der Stadt und ihres Hinterlandes prägt aber nicht nur das von vielen Punkten der Stadt aus sichtbare und stets präsente **Meer,** sondern auch die Lage an den Ausläufern des **Karst,** einer kalkhaltigen und wasserarmen Landschaft, die durch Höhlen und Dolinen (trichterförmige Senken) und eine ganz spezielle Flora und Fauna geprägt ist – zum Teil mit Arten, die ausschließlich hier vorkommen.

Triest ist die **Hauptstadt der gleichnamigen Provinz** und zugleich auch **Hauptstadt der Autonomen Region Friaul-Julisch Venetien,** deren andere Provinzen Udine, Pordenone und Görz sind. Amtssprachen in der Provinz Triest sind Italienisch und Slowenisch, womit der Bedeutung und den Rechten der slowenischen Bevölkerungsminderheit Rechnung getragen wird.

Die Stadt Triest ist verwaltungstechnisch in **sieben Stadtbezirke** *(circonscrizioni)* gegliedert, die ihrerseits wiederum in **Stadtviertel** (*quartieri,* zum Teil *borghi*) eingeteilt sind. Das historische Stadtzentrum liegt im Bezirk mit der umfangreichen Bezeichnung *Città Nuova – Barriera Nuova – San Vito – Città Vecchia.* Hier befinden sich das östlich des Hafenbeckens gelegene, schachbrettartig gestaltete Theresianische Viertel, die Altstadt *(città vecchia)* und das Cavana-Viertel, der Stadthügel San Giusto oder der Borgo Giuseppino, ein unter Kaiser Josef II. entwickeltes Stadterweiterungsgebiet, das sich südöstlich der Altstadt von der Porta Cavana bis zum Campo Marzio erstreckt.

Die **Provinz Triest** erstreckt sich von San Bartolomeo im Süden bis zum Ursprung des vorwiegend unterirdisch verlaufenden Flusses Timavo im Nordwesten. Sie besteht, abgesehen von der Provinzhauptstadt Triest, aus den Gemeinden Duino-Aurisina, San Dorligo della Valle/Dolina, Monrupino/Repentabor, Sgonico/Zgonik sowie Muggia. 85 Prozent der Bevölkerung der Provinz leben in der Stadt Triest.

An der Schnittstelle von Karst und Meer war Triest in vielen Phasen seiner wechselvollen Geschichte auch eine **Grenzstadt,** geprägt von der Lage an der Schnittstelle – oder wie es die Triestiner ausdrücken *crocevia* – von vielen Kulturen. Das machte und macht Triest bis heute zu einer

Vorseite: Der Neptunbrunnen an der Piazza della Borsa 2

Borgo Teresiano: Kaiserin Maria Theresia ließ das nach ihr benannte Stadtviertel schachbrettartig anlegen

multikulturellen Stadt – aber nicht wirklich zum oft heraufbeschworenen „Schmelztiegel“ der Nationen. Denn vermischt haben sich die verschiedenen Gemeinden und Gemeinschaften bis heute nie allzu viel, eher haben sie zu einem guten Teil ihre Besonderheit bewahrt und sind ansonsten sehr für sich geblieben.

Die Lage und die damit verbundene Geschichte der **Stadt** prägen bis heute auch ihr **Erscheinungsbild** – österreichisch-ungarische, slowenische, venezianische und eine ganze Reihe anderer Einflüsse spiegeln sich jedoch nicht nur im architektonischen Ensemble wider, sondern auch in Kultur, Küche und Sprache.

Das **Stadtzentrum** von Triest ist, neben der Altstadt mit ihren deutlich mittelalterlichen Spuren, stark neoklassizistisch geprägt, Prachtbauten im eklektischen Stil und Jugendstilelemente machen auch den langen Einfluss Habsburgs sichtbar. In Triest waren einige der Architekten tätig, die in Wien für die klassizistischen Ringstraßenbauten verantwortlich zeichneten, etwa Heinrich von Ferstel oder Friedrich Schachner. Durchbrochen wird dieses Bild, das an Wien erinnert, von einer Reihe von Monumentalbauten der typisch faschistischen Architektur der 1920er- und 1930er-Jahre.

KURZ & KNAPP

Die Stadt in Zahlen

- **Region:** Friaul-Julisch Venetien
- **Provinz:** Triest
- **Einwohner:** rund 204.000 (Stadt) bzw. 235.000 (inkl. Provinz) – Stand 2017
- **Fläche:** 85 km² (Stadt) und 212 km² (inkl. Provinz)

Von den Anfängen bis zur Gegenwart

Die exponierte geografische Lage war entscheidend für die **wechselvolle Geschichte von Triest** unter den unterschiedlichen Herrschern und Einflüssen. Bereits als römische Kolonie spielte „Tergeste" eine wichtige Rolle als Hafen und Handelsplatz.

Besonders prägend für die Entwicklung der Stadt waren aber die mehr als 500 Jahre **Zugehörigkeit zur Habsburger Monarchie**, in die der enorme wirtschaftliche und kulturelle Aufstieg des „kleinen Wien an der Adria" fällt. Nach dem Ersten Weltkrieg kam Triest zu Italien – der neuerliche Beginn eines höchst wechselvollen Schicksals.

Dies ist durch die von Triestinern gerne erzählte Anekdote gut beschrieben, wonach vor 1918 geborene Bewohner der Stadt fünfmal ihre **Nationalität wechselten**, ohne die Stadt auch nur einmal verlassen zu haben: Als Österreicher geboren, wurden sie 1918 Italiener, nach der nationalsozialistischen Okkupation 1943 Deutsche, nach der Besetzung durch die Tito-Truppen 1945 lebten sie für kurze Zeit unter jugoslawischer Flagge, 1947 wurden sie Bürger des Freien Territoriums Triest mit völkerrechtlichem Sonderstatus und schließlich 1954 wieder italienische Staatsangehörige.

ca. 2000 bis 1500 v.C.: Während eine frühere Besiedlung wahrscheinlich, aber nicht gut belegt ist, weisen Funde darauf hin, dass im späten Neolithikum auf den Karsthügeln um Triest befestigte Dörfer, die Castellieri, entstanden sind.

5. bis 2. Jh. v.C.: Veneter und Kelten (unter anderem Karnier und Istrier) besiedeln das Friaul, auch das Gebiet um das heutige Triest.

177 v.C.: Die Römer greifen die Istrier erfolgreich an, Triest wird Teil des Römischen Reiches.

104 v.C.: Die Siedlung Tergeste wird erstmals erwähnt, bezeichnet wird damit eine befestigte römische Ansiedlung auf dem heutigen Stadthügel San Giusto.

027tr-fo©giuly blanchet

1. Jh. v.C.: Triest wird, den meisten Quellen zufolge, unter Kaiser Augustus zur Grenzfestung und zur römischen Kolonie.

3. Jh. n.C.: Von Aquilea aus breitet sich das Christentum auch nach Triest aus.

476: Nach dem Fall des weströmischen Reiches kommt Triest zunächst zu Byzanz.

567: Triest wird von den Langobarden erobert und besetzt.

774: Die Langobarden verlieren Triest an Karl den Großen, die Stadt wird Teil seiner Mark Friaul.

948: König Lothar II. übergibt an Bischof Johann die weltliche Macht über die Stadt, die Bischöfe regieren Triest fast drei Jahrhunderte lang.

1203: Triest wird von Venedig erobert und muss unter Druck einen „Treuepakt" annehmen, die nächsten 180 Jahre sind von wiederholten Konflikten mit Venedig geprägt.

1295: Triest wird zur freien Kommune mit einem eigenständigen Großen Rat.

1318: Es entstehen Stadtstatuten, bis zum neuerlichen Angriff Venedigs 1368 bleibt Triest freie Stadt.

1369: Auf den Angriff folgt die Besetzung der Stadt durch Venedig.

1382: Unter dem Eindruck der anhaltenden Bedrohung durch Venedig begibt sich Triest freiwillig unter den Schutz von Kaiser Leopold III. von Österreich. Der mit kurzen Unterbrechungen mehr als fünf Jahrhunderte dauernde Einfluss von Österreich auf die Geschichte der Stadt beginnt.

1420: Venedig erobert Friaul und Muggia, Triest und Görz bleiben bei den Habsburgern.

1508: Triest wird von Venedig angegriffen und zum Teil zerstört, der letzte feindliche Akt der Dogenrepublik gegen die Adriastadt. 1509 kommt die Stadt wieder zum Habsburger Reich.

1719: Nachdem der Hafen von Triest für Österreich nach dem Spanischen Erbfolgekrieg zunehmend an Bedeutung gewinnt, erhebt Kaiser Karl VI. Triest zum Freihafen – ein Sonderstatus, den die Stadt bis 1891 behält. Durch dieses Privileg wird der Warenverkehr steuerfrei, was dem Seehandel wichtige Impulse gibt. Triest steigt zu einer mächtigen Adriametropole auf. Gemeinsam mit vielen Reformen der Tochter Karls VI., Kaiserin Maria Theresia, und deren Sohn Josef II., ist dies ein wesentlicher Beitrag zum ökonomischen und kulturellen Aufstieg der Stadt.

1797 bis 1813: Triest wird dreimal von Frankreich besetzt: 1797, nach dem Vertrag von Campoformio, der das Ende der Republik Venedig besiegelte, dann nochmals 1805/1806 und schließlich 1809 bis 1813, als die Franzosen Triest gemeinsam mit Laibach zur Hauptstadt der Illyrischen Provinzen machen.

1813: Österreich erobert unter General Christoph von Lattermann Triest zurück.

1814: Die Stadt kommt wieder unter österreichische Verwaltung, allerdings ohne die zuvor gewährte städtische Autonomie. Der Freihafen wird wieder etabliert. Erstmals sind in Triest nationalistische Strömungen spürbar, es kommt zu interethnischen Konflikten.

1815: Nach dem Wiener Kongress wird Triest im österreichischen Kaiserreich in das neu geschaffene Königreich Illyrien eingegliedert.

1829: Der Erfinder der Schiffsschraube, Josef Ressel, führt die erste erfolgreiche Testfahrt mit einem in Triest erbauten Schiff durch.

1830 bis 1840: Die ersten wichtigen Versicherungsgesellschaften werden gegründet, die Generali, der Lloyd Triestino und die Riunione Adriatica di Sicurtà. Auch Bankniederlassungen und Werften entstehen.

◁ Foro Romano (11): steinerne Zeugen der römischen Vergangenheit

023tr-RZPR

1848: In den Provinzen Lombardei und Venetien kommt es zu Aufständen gegen die Habsburger Herrschaft. Auch wenn es in Teilen der Triestiner Bevölkerung Sympathien für diese Bewegung gibt, bleibt die offizielle Stadtvertretung Österreich treu.

1849: Das Verwaltungsgebiet Königreich Illyrien wird getrennt, Triest und das unmittelbare Hinterland werden zur reichsunmittelbaren Stadt mit eigener Verfassung und eigenem Landtag.

1857: Die Südbahn wird nach den Plänen und unter der Leitung des Architekten Carl Ritter von Ghega fertiggestellt und verbindet Triest über den Semmering mit Wien.

1861: Der Nationalstaat Italien wird gegründet, auch in Triest gibt es eine irredentistische Bewegung, deren Ziel die Angliederung an Italien ist.

1867: Die alten Hafenanlagen werden ausgebaut, um dem zunehmenden Aufschwung des Handels gerecht zu werden.

1869: Die Eröffnung des Suezkanals wertet den Wirtschaftsstandort Triest weiter auf.

1882: Kaiser Franz Josef I. besucht anlässlich des 500-jährigen Jubiläums der Zugehörigkeit von Triest zum Haus Habsburg die Stadt. Ein Bombenattentat durch Guglielmo Oberdan, einen Irredentisten, wird vereitelt, Oberdan wird hingerichtet. Der Nationalitätenkonflikt verschärft sich.

1882: Als Reaktion auf die Entstehung des Dreierbundes, eines Bündnisses zwischen Italien, Deutschland und Österreich-Ungarn, gewinnen in Triest republikanische, nationale und liberale Strömungen zunehmend an Bedeutung.

1896: Nur wenige Monate nach der Erfindung der Filmprojektion durch die Brüder Lumière eröffnet in Triest das erste Kino.

1914: Beginn des Ersten Weltkriegs

1915: Im Geheimvertrag von London werden Italien als Gegenleistung für den Kriegseintritt auf Seiten der Alliierten territoriale Zugeständnisse gemacht, unter anderem die Zuerkennung von Triest.

1918: Das Habsburgerreich zerfällt, Triest kommt nach der Landung der Italiener

Blick auf Miramare um 1900: Das Habsburgerschloss war schon lange vor den Touristen da

de facto zu Italien. Die Intoleranz gegenüber den nichtitalienischen ethnischen Minderheiten nimmt zu.

1919: Im Vertrag von Saint-Germain wird Triest auch formell Italien zugesprochen.

1920: Der Narodni dom („Nationalhaus"), das eben erst errichtete Gemeindezentrum der slowenischen Minderheit, wird von Faschisten niedergebrannt.

1922: Die Faschisten unter Benito Mussolini übernehmen in ganz Italien die Macht. Es kommt in Triest zu Repressionen gegen die slowenische Minderheit, slowenische und deutsche Orts- und Familiennamen werden italienisiert.

1923: Mit der „Riforma Gentile" (nach dem Unterrichtsminister Giovanni Gentile) wird Slowenisch als Unterrichtssprache abgeschafft.

1938: Mussolini wählt Triest aus, um auf der Piazza dell'Unità d'Italia seine Rassengesetze zu verkünden. Sie gehören zu diesem Zeitpunkt zu den schärfsten antisemitischen Gesetzen außerhalb Deutschlands und leiten eine massive Diskriminierung der jüdischen Gemeinde von Triest ein, die zu diesem Zeitpunkt die drittgrößte Italiens ist.

1940: Italien tritt an der Seite Deutschlands in den Zweiten Weltkrieg ein und besetzt Slowenien und Dalmatien und weitere Gebiete des Königreichs der Serben, Kroaten und Slowenen. Mehr als 30.000 Menschen werden von dort in Konzentrationslager deportiert.

1943: Der italienische Faschismus ist zu Ende, König Viktor Emanuele III. schließt einen Waffenstillstand mit den Alliierten. Norditalien wird von den deutschen Truppen besetzt. Triest und das Umland (Udine, Görz, Pola, Fiume und Laibach) werden als „Operationszone Adriatisches Küstenland" de facto an das nationalsozialistische Deutschland angegliedert. Das Anhalte-, Konzentrations- und Vernichtungslager Risiera San Sabba wird eingerichtet.

KURZ & KNAPP

Das Risorgimento und die Irredentisten

Als *risorgimento* („Wiedererstehung") wird die Zeit in der Geschichte Italiens zwischen dem Ende des Wiener Kongresses 1815 und dem Jahr 1870 ebenso bezeichnet wie die politische Bewegung, die in eben dieser Phase eine Vereinigung der Fürstentümer und Regionen auf der Halbinsel zu einem unabhängigen italienischen Nationalstaat anstrebte. Diese war im Wesentlichen mit der Etablierung des Königreichs Italien 1861 weitgehend verwirklicht und 1870 schließlich mit der Besetzung des noch verbliebenen Kirchenstaats und seiner Hauptstadt Rom abgeschlossen.

Einige Regionen mit zumindest zum Teil italienischer Bevölkerung nahmen an diesem Einigungsprozess nicht teil, nämlich Trentino, Friaul, Triest und Istrien. Um deren Anschluss an das vereinigte Italien voranzutreiben, gründete Matteo Imbriani 1877 die nationalistische Bewegung *Italia Irredenta* („unerlöstes Italien"). Zu den bekanntesten Triestiner Irredentisten zählte Guglielmo Oberdan (s. S. 35), der nach einem Attentatsversuch auf Kaiser Franz Josef I. 1882 hingerichtet wurde. Nach diesem Todesurteil gewann die Bewegung vermehrt Unterstützer in Triest.

1945: Am 1. Mai marschieren die jugoslawischen Partisanen in Triest ein und haben die Stadt 40 Tage lang unter ihrer Kontrolle. Harte Vergeltungsmaßnahmen gegen tatsächliche und vermeintliche Kollaborateure versetzen die Bevölkerung in Angst.

077tr-mb

1945: Am 12. Juni treffen auch britische, neuseeländische und US-Truppen in Triest ein, die Stadt wird dem Governo Alleato Militare übergeben und in zwei Besatzungszonen geteilt, eine jugoslawische und eine britische.

1947: Unter der Schirmherrschaft der Vereinten Nationen wird Triest durch den Vertrag von Paris zum neutralen Freistaat, ein Status, auf den sich Verfechter der Triestiner Autonomie bis heute berufen. Administrativ wird das Gebiet in zwei Zonen unterteilt, eine britisch-amerikanische und eine jugoslawische.

1954: Entlang der ursprünglichen Besatzungszonen wird der Freistaat Triest aufgelöst und provisorisch geteilt: Die Zone B kommt zu Jugoslawien, die Zone A zu Italien. Ein Statut soll die Rechte der Minderheiten auf beiden Seiten garantieren. Dennoch setzt ein regelrechter Exodus von Italienern aus Istrien und Dalmatien ein, viele von ihnen siedeln sich in Triest an.

Das Denkmal für die Gefallenen des Ersten Weltkriegs (s. S. 27) zeigt eine Kampfszene

1963: Die autonome Region Friaul-Julisch Venetien wird gegründet, Triest wird die Hauptstadt.

1964: Gründung des Abdus Salam Centre for Theoretical Physics (ICTP) in Miramare

1975: Mit dem Vertrag von Osimo wird die Demarkationslinie von 1954 zur endgültigen italienisch-jugoslawischen Grenze.

1991: Mit dem Zerfall von Jugoslawien und der Anerkennung Sloweniens hat Triest einen neuen Nachbarstaat.

2007: Slowenien tritt nach dem EU-Beitritt 2004 auch dem Schengenraum bei.

2011: Die Bewegung Trieste Libera (Triestiner Freiheit) wird gegründet. Sie strebt für Triest einen völkerrechtlichen Sonderstatus (s. S. 107) und die Unabhängigkeit von Italien an.

2011: Während der Biennale von Venedig gibt es eine „Außenstelle" in Triest. Eine Lagerhalle des Alten Hafens 24 wird für Ausstellungen genutzt.

2013: Die Bewegung „Triestiner Freiheit" macht erstmals mit einer Kundgebung in Wien auf ihre Forderungen aufmerksam.

2014: Zum hundertsten Jahrestag des Ausbruchs des Ersten Weltkriegs wird das Kriegsmuseum für den Frieden Diego de Henriquez (s. S. 64) eröffnet.

2016: Triest erhält den Status einer „città turistica"

2018: Zahlreiche Veranstaltungen erinnern an den 100. Jahrestag des Endes des Ersten Weltkriegs und den 80. Jahrestag der Verkündung der Rassengesetze durch Mussolini in Triest. Erstmals werden auch in Triest in Gedenken an ermordete Juden sogenannte Stolpersteine gelegt.

2019: In Triest wird das 300-jährige Bestehen des Freihafens gefeiert. Im Rahmen der Vereinbarungen zwischen Rom und Peking zur Neuen Seidenstraße soll China in den Hafen Triest investieren. Gleichzeitig starten die Revitalisierungsprojekte am Alten Hafen.

2020: Triest ist „European City of Science".

024tr-RZPR

Bis heute ist der Hafen von Triest ein wichtiger Wirtschaftsfaktor der Stadt

Leben in der Stadt

Dass Triest mit all seinen Sehenswürdigkeiten und kulturellen Angeboten trotzdem kein klassisches Tourismusziel ist, macht einen Teil des **speziellen Charmes dieser Stadt** aus. Auch wenn Handel und Industrie schwer an den Folgen der rezenten Krise laborieren, bleibt der Hafen ein wichtiger Wirtschaftsfaktor der Stadt, die auch – weit weniger bekannt – ein wichtiger Wissenschaftsstandort ist. Ob es angesichts ethnischer und kultureller Vielfalt so etwas wie typische Triestiner geben kann, darüber scheiden sich die Geister. Ebenso wie über die Frage, ob die Hafenstadt nicht vielleicht bei Österreich besser aufgehoben wäre als bei Italien.

Mit jährlich rasant steigenden Besucherzahlen – nicht zuletzt aus Österreich, Deutschland und der Schweiz – ist die „Perle der Adria" ein zunehmend beliebtes Reiseziel, und der **Tourismus ein nicht unerheblicher Wirtschaftsfaktor.** Dem wurde auch dadurch Rechnung getragen, dass Triest 2016 das Prädikat „cittá turistica" verliehen bekam, was dem Wirtschaftszweig einen weiteren Auftrieb bescheren soll. Doch selbst wenn man die wichtigsten Sehenswürdigkeiten besucht, wird man nicht, wie in manchen anderen Städten, den Eindruck haben, vorwiegend von anderen Touristen umgeben zu sein, denen die Einheimischen nach Möglichkeit weiträumig aus dem Weg gehen.

Viele der **Initiativen der Stadtregierung,** das Stadtleben attraktiver zu machen, etwa die Ausweitung von Genehmigungen für Gastgärten auf dem Trottoir oder den Plätzen vor den Lokalen, die vielen Konzert- und sonstigen Kulturangebote unter freiem Himmel oder die Renovierungsanstrengungen, insbesondere in der Altstadt, zielen auf die Lebensqualität der Bewohner ebenso ab wie auf die Besucher.

Die allgemein **schwierige ökonomische Situation** Italiens, die auch das öffentliche Budget von Triest mehr als limitiert, führt immer wieder zu Problemen, was die touristische Infrastruktur betrifft.

Regelmäßig berichten lokale Medien vom **problematischen baulichen Zustand des Tourismusmagneten Nummer eins**, des Schlosses Miramare 36, in dem schon wertvolle Kunstwerke vor dem durch das Dach eindringenden Regen in Sicherheit gebracht werden mussten. Medienberichten zufolge sind in Miramare umfassende Renovierungsarbeiten geplant.

Viel länger als geplant war die historische Straßen- und Standseilbahn **Tram di Opicina** (s. S. 36) wegen Sanierungsarbeiten nicht verfügbar und kurz nach ihrer Wiedereröffnung wurde sie nach einem schweren Unfall direkt wieder auf unbestimmte Zeit geschlossen. Es ist nicht sicher, ob und wann sie wiedereröffnet wird, ihre Zukunft ist ungewiss und regelmäßig Gegenstand politischer Debatten.

Der berühmte Faro della Vittoria 33 konnte längere Zeit wegen Personalmangels nur mehr beschränkt besucht werden, die Übernahme des beliebten Wahrzeichens in die Verwaltung der Region FVG (friuli venezia giulia, Friaul-Julisch Venetien) schuf Abhilfe und es ist wieder möglich, das Wahrzeichen zu besuchen und von dort einen großartigen Blick über Triest zu genießen.

Andererseits setzt man mit privaten Investoren auf **neue Projekte**, um zahlungskräftige Touristen und Leute anzulocken, die in Triest ihren Zweitwohnsitz einrichten. Etwa mit dem **Portopiccolo** in Sistiana, wo ein sehr spezielles Urlaubs-, Freizeit- und Wohnprojekt entstanden ist – mit Jachthafen, Beachclub, 5-Sterne-Hotel und Spa sowie Restaurants und Bars. Das autofreie, künstlich entstandene Dorf ist rund um eine Piazetta angelegt, dem Jachthafen entlang verläuft eine Promenade, ein „Clubhaus" soll die Hochwertigkeit des Projekts unterstreichen (www.portopiccolosistiana.it/de). Bewegung kommt neuerdings in die Sanierung und Wiederbelebung des Alten Hafens 24, die seit Jahren diskutiert wird. Auf ein konkretes Konzept und Budget haben sich zuletzt die Region, die Stadt Triest, das Hafenamt und die Regierung in Rom geeinigt. Entstehen sollen hier unter anderem ein neues Meeresmuseum und ein Zentrum für Biotechnologie, weitere Stadtentwicklungsmaßnahmen sind in Vorbereitung.

Wirtschaftsfaktoren Hafen, Handel, Industrie

Historisch verdankte Triest seinen ökonomischen Aufstieg insbesondere dem Hafen, vor allem nach der **Ernennung zum Freihafen** im Jahr 1719. Dieser führte zu einem massiven Anstieg der Bevölkerung – von etwas mehr als 5000 Einwohnern Anfang des 18. Jahrhunderts auf mehr als 130.000 zu Beginn des 20. Jahrhunderts. Schon nach der Angliederung Triests an Italien nach 1918 und vor allem nach dem Zweiten Weltkrieg geriet Triest in eine Randposition. Der Hafen, für Italien im Gegensatz zu Österreich nur einer von vielen, verlor an Bedeutung. Trotz dieser Entwicklung und einer erheblichen Konkurrenz durch den nur wenige Kilometer ent-

[>] Jahrzehntelang verfiel der Alte Hafen 24, jetzt kommt Bewegung in die Sanierung

fernten Hafen von Capodistira (Koper) in Slowenien bleiben die **Schifffahrt und damit verknüpfte Dienstleistungen ein wesentlicher Wirtschaftsfaktor** der Stadt. Der Hafen ist vor allem ein wichtiger Umschlagplatz für Waren aus dem Nahen und Fernen Osten, die von hier auf Lkws und rund 100 Güterzügen wöchentlich vorwiegend nach Norditalien, Deutschland, Österreich, Tschechien und die Slowakei transportiert werden. Immerhin beläuft sich der Verkehr im Hafen auf ein Volumen von 50 Millionen Tonnen pro Jahr, ein erheblicher Anteil davon ist Rohöl. Neben der Funktion als Warenumschlagplatz ist Triest auch ein Fähr- und Kreuzfahrthafen. Gerade dieser Umstand soll noch stärker beworben und ausgebaut werden.

Auch andere Unternehmen aus dem Bereich der Schifffahrt sind nach wie vor in Triest aktiv, zum Beispiel Wärtsilä, ein wichtiger Exporteur von Schiffsmotoren, oder Fincantieri, ein Weltmarktführer in der Konstruktion von großen Kreuzfahrtschiffen.

Der **Neue Hafen** *(Porto Nuovo),* der nach den Plänen der Lokalpolitik und nicht zuletzt mit chinesischer Unterstützung im Rahmen der **Neuen Seidenstraße** weiter ausgebaut werden soll, entwickelte sich im südlichen Teil der Stadt von der Bucht Sant'Andrea bis Servola. Der **Alte Hafen** *(Porto Vecchio)* hingegen, der sich vom Bahnhof bis nach Barcola hinzieht, lag mit seiner Fläche von immerhin rund 600.000 Quadratmetern Jahrzehntelang weitgehend brach. Seit Jahren gibt es Diskussionen über eine sinnvolle Nachnutzung dieses Areals, zahlreiche Projekte wurden, vor allem mangels ausreichender Investitionen, nicht umgesetzt. Aus Anlass der Biennale von Venedig 2011, die eine „Außenstelle" in Triest hatte, wurde immerhin als erstes Objekt das **Magazzino 26**, eine ehemalige Lagerhalle, für eine große Ausstellung zeitgenössischer Kunst renoviert. Weitere Sanierungsschritte folgen jetzt, nachdem Region, Stadt, die Regierung in Rom und das Hafenamt sich auf konkrete Maßnahmen und Budgets geeinigt haben.

Rund um die Schifffahrt sind wichtige Dienstleistungszweige entstanden, unter anderem ist die **Versicherungswirtschaft** bis heute ein wichtiger Wirtschaftsfaktor in Triest. Der in Triest gegründete größte italienische Versicherungskonzern Assicurazioni Generali hat nach wie vor seinen Hauptsitz in der Stadt und eine ganze Reihe von Beherbergungsbetrieben profitiert von den Übernachtungen der Versicherungsmitarbeiter, die auf Dienstreise in der Zentrale sind, genauso gut wie vom Tourismus.

085tr-nb

Während der Hafen die Folgen der Finanz- und Wirtschaftskrise 2008 weniger zu spüren bekam, waren **Handel und Industrie** viel stärker betroffen. Dies ist für die Stadt besonders problematisch, da vor allem der Handel traditionell eine wesentliche Säule der Wirtschaft war. Dies auch nach dem Zweiten Weltkrieg – nicht zuletzt auf der Basis des regen Handels mit dem kommunistischen Nachbarn. Zur Zeit der beiden großen politischen Blöcke in Europa genossen die Bürger Jugoslawiens, das keinem der Blöcke angehörte, im Gegensatz zu den Bewohnern der „sozialistischen" osteuropäischen Ostblockstaaten weitgehende Reisefreiheit. Was sie unter anderem nutzten, sich in Triest mit in Osteuropa gefragten und schwer erhältlichen Waren wie Jeans, Strumpfhosen oder Lederjacken für den Weiterverkauf einzudecken.

Was die Industrie betrifft, so spielen heute vorwiegend noch **Lebensmittelunternehmen** eine gewisse Rolle in Triest, mit wichtigen Produzenten wie dem Schinkenhersteller Principe, dem großen Nudelhersteller Pasta Zara oder der Rösterei illycaffè.

Einen Vorteil hatte der starke Rückgang der Industrieaktivitäten allerdings: Das **Problem der Luftverschmutzung** hat deutlich abgenommen. Das Stahlwerk Ferriera di Servola, das jahrzehntelang wegen seiner hohen Emissionswerte Gegenstand von Kritik war, erhitzt die Gemüter vieler Triestiner immer noch. 1896 von der Krainischen Industriegesellschaft gegründet, wechselt die Fabrik heute häufig ihre Besitzer, ohne sich wirtschaftlich recht zu erholen.

Wissenschaftsstadt Triest

Häufig unterschätzt ist die Rolle der Wissenschaft für den Standort Triest. Denn neben der **Universität**, an der etwa 700 Lehrende rund 20.000 Studierende ausbilden, sind auch eine Reihe anderer wichtiger wissenschaftlicher Einrichtungen hier angesiedelt, die das Gesicht und den Alltag der Stadt mitprägen.

Die Universität Triest wurde in ihrer heutigen Form 1924 gegründet.

Die Universität Triest ist eines der Monumente im faschistischen Baustil

026tr-fo©lucazzitto

„Los von Italien – zurück nach Österreich"

Dass viele Triestiner hartnäckig die Piazza dell'Unità d'Italia, die immerhin seit 1918 so heißt, Piazza Grande nennen, also „Großer Platz" anstelle des programmatischen „Platz der Einheit Italiens", mag symptomatisch für eine weithin verbreitete Einstellung und Stimmung sein: Nämlich für eine tiefgreifende Skepsis gegenüber dem römischen Zentralstaat und seinen Behörden. Viele Triestiner sind davon überzeugt, erst die Angliederung an Italien habe zum ökonomischen Abstieg der Stadt geführt. Und wenn es so etwas wie eine Triestiner Grundstimmung gibt, dann wahrscheinlich die, etwas Besonderes zu sein und sich vom Rest Italiens grundlegend zu unterscheiden. „Non siamo italiani", wir sind keine Italiener, ist durchaus häufig aus dem Mund von Triestinern zu hören, vorzugsweise garniert mit einer Familiengeschichte, in der mindestens ein österreichischer Großelternteil eine Rolle spielt.

Ein Ausdruck dieser Stimmung ist die Gründung der Bewegung ***Trieste Libera*** *(Triestiner Freiheit). „Free Territory of Trieste" (Freies Territorium Triest) und „salviamo il porto" (retten wir den Hafen) ist gut sichtbar an der Fassade jenes Gebäudes auf der Piazza della Borsa zu lesen, in dem die 2011 gegründete Bewegung ihr Büro hat. Und damit ist auch das Programm abgesteckt: Nicht Autonomie oder Unabhängigkeit, wie etwa die Verfechter der Lega Nord, wünscht man sich für die Adriastadt. Sondern genau jener völkerrechtliche Sonderstatus als autonomes Territorium unter UN-Protektion, den die Stadt zwischen 1947 und 1954 hatte, soll nach dem Wunsch der Aktivisten wiederhergestellt werden, da der Vertrag von Paris nach wie vor völkerrechtlich verbindlich sei. Zu zentralen Themen macht die Gruppe einen Ausbau des Hafens und Umweltanliegen.*

Von einer Rückkehr zu Österreich ist zwar nicht explizit die Rede, aber anlässlich einer Demonstration, die Trieste Libera 2013 in Wien abhielt, war zu lesen: „Die Bewegung Triestiner Freiheit plädiert heute für eine gemeinsame Zukunftsstrategie, bei der Österreich eine bedeutende Mitwirkung beim Betrieb des Hafens gewährt werden soll, wie es die geltenden Gesetze vorsehen. Diese auf langen Traditionen basierende Zusammenarbeit kann nur dem beiderseitigen Gemeinwohl zu Gute kommen und sowohl der Stadt Triest, als auch ganz Österreich zu wachsenden Wirtschafts- und Handelskapazitäten verhelfen."

059tr-nb

„Freies Triest": Die Anhänger der jungen Bewegung wünschen sich einen völkerrechtlichen Sonderstatus

Der Hauptsitz ist ein imposanter weißer Bau über der Stadt, an der Straße nach Opicina und Basovizza gelegen und unverkennbar Produkt typischer faschistischer Architektur. Diverse Institute und Einrichtungen der Universität sind darüber hinaus auf die gesamte Stadt verstreut. Eines der wichtigsten internationalen Forschungsinstitute ist das **Abdus Salam International Centre for Theoretical Physics (ITCP)**, nach ihrem Gründer, dem aus Pakistan stammenden Physiker und Nobelpreisträger Abdus Salam benannt. Das in Miramare angesiedelte und von UN-Organisationen wie der UNESCO und IAEA unterstützte wissenschaftliche Zentrum widmet sich neben der Forschung insbesondere der Aus- und Weiterbildung junger Wissenschaftler aus Entwicklungsländern.

In der Nähe des Obelisken von Opicina ist der Sitz der **Scuola Internazionale Superiore di Studi Avanzati** (SISSA) mit postgraduellen Fortbildungsangeboten vor allem im Bereich der Naturwissenschaften. Im **Sincotrone Elettra** in Basovizza betreiben Wissenschaftler aus 40 Ländern unter anderem Grundlagenforschung mit einem Teilchenbeschleuniger.

Der **Area Science Park** in Padriciano war der erste Technologie- und Wissenschaftspark Italiens. Eine wichtige Rolle spielt auch das **Centro Internazionale per la Ingegneria Genetica e Biotecnologica** (ICGEB), das sich der Gen- und Biotechnologieforschung widmet. 2020 ist Triest die **European City of Science** (www.esof.eu). Neben dem wissenschaftlichen Programm gibt es im Rahmen des „Science in the City"-Festivals von Ende Juni bis Mitte Juli auch jede Menge Veranstaltungen für die interessierte Öffentlichkeit.

Typische Triestiner?

An der Frage, ob es so etwas wie den typischen Triestiner gibt, scheiden sich die Geister. Dem Klischee zufolge sind die Triestiner geprägt vom jahrhundertelangen toleranten Zusammenleben verschiedener Ethnien und Kulturen und verstehen sich eher als **Mitteleuropäer** denn als Italiener. Auch wenn man hier eher nicht Rossi, Ferrari oder Bianchi heißt, wie anderswo in Italien, sondern Eichberger oder Tripcovich, bilden Angehörige der **italienischen Volksgruppe** die Mehrheit. Die wichtigste ethnische Minderheit sind **Slowenen**, insbesondere auf dem Karst wird vorwiegend Slowenisch gesprochen. Unter den Migranten, die es in die unter den Habsburgern prosperierende Hafenstadt zog, stellten Armenier, Griechen und Serben wichtige Gemeinden. Innerhalb der aktuellen Zuwanderergruppen sind Serben die größte Gruppe, gefolgt von Rumänen und Kroaten, Chinesen, Albanern, Bosniern, Ukrainern und Kosovaren. Nach 2015/2016 hat Triest wie viele andere italienische Städte auch vermehrt Flüchtlinge aus Afrika und dem Nahen und Mittleren Osten aufgenommen – ein Prozess, der innenpolitisch zuletzt stark eingeschränkt wurde.

Einen Schmelztiegel, wie häufig suggeriert wird, bildet das alles allerdings noch nicht. Vielmehr bleiben auch heute, wie dies schon zu Zeiten der österreichischen Monarchie der Fall war, die **Volksgruppen vorwiegend unter sich**. Und wie anderswo auch, lässt die Mehrheitsbevölkerung eine gehörige Portion an Vorurteilen gegenüber den Zugewanderten erkennen – wobei sich dies auch schon einmal gegen italienische Landsleute aus dem Süden richten kann.

Krimistadt Triest

Die Zutaten sind geradezu perfekt: Eine multikulturelle Stadt mit ausreichendem Konfliktpotenzial. Eine bewegte Geschichte, die bis heute die Basis für hintergründige Plots liefern kann. Eine jahrzehntelange Randlage an der Grenze, mit allen Potenzialen für Schmuggler, Schieber und sonstige zwielichtige Figuren. Ein Fluchtpunkt für Opfer ebenso wie für Täter des noch nicht lange zurückliegenden Jugoslawienkriegs. Dieser Mix inspiriert auch Krimiautoren. Neben Proteo Laurenti und seinem Schöpfer Veit Heinichen, die es nicht nur zu Buch-, sondern auch zu Fernsehserien-Ehren geschafft haben, bevölkern auch andere Detektive Triest und Umgebung. Die Laurenti-Serie, wissen Tourismus-Kenner, hat jedenfalls eine Menge Fans zum Besuch motiviert, die mit herkömmlichen Fremdenverkehrskampagnen so nicht zu erreichen gewesen wären.

Die authentischen Triest-Krimis von Veit Heinichen – ehemaliger Manager beim S. Fischer Verlag und Mitbegründer des Berlin Verlags, Wahl-Triestiner seit vielen Jahren – haben schon viele Krimifans nicht nur in die Stadt, sondern auch auf die Spuren der wechselnden Lieblingslokale des Kommissars und seiner Familie, Geliebten und Mitarbeiter gebracht – von der Tavernetta al Molo in Grignano (s. S. 73) bis zur Gran Malabar (s. S. 75), vom Kulturzentrum Stazione Rogers (s. S. 81) bis zum Restaurant seiner Partnerin Ami Scabar (Ristorante Scabar). Tatsächlich eignen sich die Heinichen-Krimis nicht nur als Spannungsliteratur, sondern auch als lehrreiche Hintergrundlektüre für Triest-Besucher.

Denn nicht nur die von Laurenti und den Seinen bevorzugt frequentierten Lokale oder präferierten Schwimmplätze sind **authentisch recherchiert** und existieren in aller Regel tatsächlich – bloß im achten Roman sind eine Reihe von Locations verklausuliert –, sondern generell greifen die Plots der Romane auf sehr informative Weise Themen auf, die für Geschichte und Gegenwart der Stadt eine wichtige Rolle spielen: Von den späten Folgen der Konflikte zwischen Partisanen und Kollaborateuren am Ende des Zweiten Weltkriegs, Korruption, Prostitution und Menschenhandel bis zu illegalem Organhandel, von Geheimdiensten, Grundstücksspekulationen oder dem Malteser-Ritterorden über die Rolle des Kaffeehandels für die Stadt bis zur Balkan-Mafia oder zu aktuellen Umwelt- oder Tierschutzthemen.

Dieses Konzept kommt bei der Fangemeinde gut an: Die Laurenti-Krimis stehen regelmäßig rasch nach Erscheinen auf den **Bestsellerlisten.**

Nicht ganz so zum Dauerbrenner wie die Romane haben sich die Verfilmungen der Laurenti-Geschichten mit Henry Hübchen als Kommissar und der mittlerweile verstorbenen Barbara Rudnik als seine Frau Laura entwickelt: Die ARD-Serie, die zwischen 2006 und 2009 lief, wurde nach fünf Folgen eingestellt.

Neben Heinichen und seinem Laurenti sind aber auch **andere Autoren** und ihre Ermittler in Triest aktiv – ein neuerer Serienheld ist Commissario Ettore Benussi, vier Romane seiner unter dem Pseudonym Roberta de Falco schreibenden Erfinderin liegen auch auf Deutsch vor.

Ettore Benussi ist ein etwas missmutiger, ständig im Kampf mit seinem Übergewicht Diät haltender

LITERATURTIPP

Krimis am Schauplatz Triest

- **Commissario-Laurenti-Reihe von Veit Heinichen** – die Originalausgaben sind bei Zsolnay erschienen, die Taschenbücher bei dtv.
  Gib jedem seinen eigenen Tod, 2001
  Die Toten vom Karst, 2002
  Tod auf der Warteliste, 2003
  Der Tod wirft lange Schatten, 2005
  Totentanz, 2007
  Die Ruhe des Stärkeren, 2009
  Keine Frage des Geschmacks, 2011
  Im eigenen Schatten, 2013
  Die Zeitungsfrau, 2016
  Scherbengericht, 2018
- **Bernhard Aichner:** Totenfrau, btb 2014
- **Roberta de Falco:** alle Romane im Pendo Verlag:
  Die trüben Wasser von Triest, 2014
  Gute Zeiten für schlechte Menschen, 2016
  Schuld vergisst nicht, 2017
  Ein ehrenwerter Tod, 2019
- **Kurt Lanthaler:** Azzurro, Haymon 1998
- **Ingrid Sonnleitner:** Vergelt's Gott, Emons Verlag 2014
- **Christoph Wagner:** Das Apfelhaus. Haymon Verlag, 2011
- **Werner Stanzl:**
  Aussicht auf Mord, 2017
  Der Würger von Triest, 2019, alle Romane bei Haymon
- **Beate Maxian:** Die Tränen von Triest, Heyne 2019

und mit einer pubertierenden Tochter gestrafter Kommissar mit Hauptwohnsitz in Triest. In seinem ersten auf Deutsch erschienenen Fall „Die trüben Wasser von Triest" wird er im Zuge der Aufklärung des Mordes an der 90-jährigen Ursula Cohen mit der Verfolgung der Juden in Italien konfrontiert. Im zweiten Fall muss sich der Commissario während einer Kältewelle gemeinsam mit seinen Kollegen auf die Suche nach seiner verschollenen Frau Carla begeben. Im dritten Band „Schuld vergisst nicht" schließlich ermittelt Benussi in der Triestiner Literaturszene, der er selbst so gerne angehören würde, und im vierten Band „Ein ehrenwerter Tod" muss Benussi, der einen Herzinfarkt erlitten hat, die Ermittlungen um den Tod einer Amerikanerin widerwillig seinen Mitarbeitern überlassen.

Manchmal sind die Protagonisten nur auf der Durchreise – wie zum Beispiel der originelle Südtiroler Lkw-Fahrer und Teilzeitdetektiv Tschonnie Tschenett von **Kurt Lanthaler**, der auf dem Weg in das krisengeschüttelte Albanien im Roman „Azzurro" in Triest Zwischenstation macht. Oder wie der Held des mittlerweile verstorbenen österreichischen Gastrokritikers **Christoph Wagner**, der in der Kurzgeschichtensammlung „Das Apfelhaus" im Triestiner Karst auf höchst eigentümliche Vorkommnisse trifft. **Bernhard Aichners** Protagonistin, die Bestattungsunternehmerin Brünhilde Blum, mordet im Thriller „Totenfrau" auch auf einem Segelboot in der Bucht von Triest. In **Ingrid Sonnleitners** Krimi „Vergelt's Gott" führt die Bibliothekarin Adelheid auf der Suche nach dem Mörder des Kantors von Rotenturm eine Spur nach Triest, wo sie sich mit einem lokalen Detektiv zusammentut.

Der ehemalige Journalist **Werner Stanzl** schickt seit 2017 seinen Comissario Vossi von der Mordkomission Görz auf Mörderjagd in Triest und Umgebung. Und die österreichische Krimiautorin **Beate Maxian** befasst sich im historischen Krimi „Die Tränen von Triest" mit der Zeit um den Ausbruch des Ersten Weltkriegs.

PRAKTISCHE REISETIPPS

075tr-mb

An- und Rückreise

Mit dem Flugzeug

Der internationale Flughafen von Triest **(Trieste Airport Friuli Venezia Giulia)** liegt etwa 35 Kilometer vom Stadtzentrum entfernt. Aus dem deutschsprachigen Raum gibt es – mit saisonalen Schwankungen – nur wenige Direktflüge. **Fluglinien,** die von Triest aus fliegen, sind aktuell Lufthansa (mit Direktflügen von und nach München und Frankfurt), Eurowings (Köln), Alitalia (mit Verbindungen nach Rom und Mailand), Ryanair, die derzeit Triest mit London, Trapani, Bari, Valencia und Catania verbindet und Volotea mit einer Verbindung von und nach Neapel.

Nachdem vor allem die Angebote und Zielflughäfen der Billigfluglinien häufig Änderungen unterworfen sind, lohnt sich eine Überprüfung des tatsächlichen Angebots zu Beginn der Reiseplanung.

Vom Flughafen Ronchi dei Legionari aus gibt es eine Busverbindung nach Triest: Mit der **Überlandlinie 51** der APT (www.aptgorizia.it) erreicht man in einer knappen Stunde und für einen Preis von 4,05 € das Zentrum, der Bus fährt etwa jede halbe Stunde. Die Bushaltestelle befindet sich gegenüber der Ankunftshalle.

Auch eine Bahnverbindung gibt es in die Stadt. Für die zwei Stationen braucht man ca. 30 Minuten zum Preis von 4,05 €.

› www. trenitalia.com

Mit dem Auto oder dem **Taxi** muss man mit knapp 40 Minuten Transferzeit nach Triest rechnen. Die Taxistände, die üblicherweise von 8 bis 24 Uhr besetzt sind, befinden sich gegenüber der Ankunftshalle. Das Funktaxi ist unter Tel. 04817788000 (https://taxitriesteairport.it) und ein Airport-Fahrerservice unter Tel. 33513730000 (www.taxicarfvg.it) erreichbar. Der Transfer in die Stadt kostet zwischen 50 und 60 €.

Im Flughafengebäude sind Schalter der üblichen Mietwagenfirmen während der Zeiten des Flugbetriebs geöffnet.

› www.aeroporto.fvg.it

Eine mögliche Alternative ist der Flughafen **Antonio Canova** in Treviso, den derzeit Ryanair, Pobeda, Lauda Motion und Wizzair anfliegen. Direktflüge aus Deutschland, Österreich und der Schweiz gibt es von Hamburg, Berlin, Köln, Düsseldorf, Frankfurt, Hannover, München, Heringsdorf, Rostock, Wien, Genf und Zürich. Allerdings ist von dort die Anreise nach Triest etwas langwieriger. Man nimmt den Bus der Linie 6 (www.actt.it) zum Bahnhof von Treviso und von dort einen Regionalzug (rund zweieinhalb Stunden Fahrt) nach Trieste Centrale oder einen Bus (Linie 6, ATVO oder Barzi) nach Venedig Mestre und von dort weiter den Zug nach Triest (in Summe ohne Wartezeit zwischen Bus und Zug etwa gleich lange Fahrtzeit).

› www.trevisoairport.it

Mit Zug und Bus

Mit dem Zug ist Triest gut zu erreichen, auch wenn die Direktverbindung von Wien aus schon vor einigen Jahren eingestellt wurde. Von Salzburg und Wien aus gibt es aber mehrere **Zugverbindungen** täglich über Villach nach Udine, von dort gehen im Stundentakt Regionalzüge weiter nach Triest.

Von München oder Innsbruck aus sind Verbindungen über Venedig, Verona oder ebenfalls über Udine möglich. Von der Schweiz aus gibt es Verbindungen über Turin und Mailand.

Aus Slowenien gibt es keine direkte Zugverbindung, von Laibach aus kann man aber den Zug bis Nova Gorica nehmen, von dort die Buslinie Nr. 1 bis Gorizia, und von

◁ Vorseite: Mit Bussen lassen sich auch die Randgebiete der Stadt bequem erkunden

dort dann einen Regionalzug weiter nach Triest.

Vor dem Hauptbahnhof 23 halten zahlreiche Buslinien zur Weiterfahrt an Ziele im und außerhalb des Stadtzentrums.

Eine in der Regel kostengünstige, wenn auch weniger komfortable Alternative zur Bahn ist die Nutzung der **internationalen Buslinien,** die Triest von immer mehr Städten in Österreich und Deutschland aus anfahren.

- •123 [E1] **Autostazione Trieste (Busbahnhof Triest),** Piazza della Libertà 9, Tel. 040 414482, www.autostazione trieste.it

Mit dem Auto

Triest liegt an der Autobahn A4 Venedig–Triest. Vom Norden kommend nimmt man unmittelbar nach der Mautstelle Monfalcone die Ausfahrt Sistiana und folgt dann der SS14 (Costiera, s. S. 54), die zu jeder Jahreszeit einen beeindruckenden Blick über den Golf bietet. Die verpflichtende **Autobahnmaut in Italien** wird direkt an den Mautstationen bezahlt und orientiert sich an der Länge der benutzten Strecke. Über Slowenien führt die Autobahn A1 von Laibach nach Triest. In **Slowenien besteht Vignettenpflicht,** die Vignetten können an der ersten Autobahnstation nach der Grenze gekauft werden. Es gibt Vignetten für sieben Tage, sechs Monate oder ein Jahr.

Autofahren

In der Innenstadt von Triest kann man sich hervorragend zu Fuß oder mit Bussen bewegen, ein eigenes Auto ist dafür nicht erforderlich. Dies um so mehr, als es in der Stadt einen notorischen Parkplatzmangel gibt und der Verkehr oft sehr dicht ist. Doch einige sehenswerte Ausflugsziele befinden sich außerhalb des Zentrums, und trotz des hervorragenden Autobusnetzes kann es interessant sein, sich zum Beispiel den Karst oder die Triestiner Riviera mit dem eigenen Auto zu erschließen.

Die als Costiera bezeichnete Küstenstraße (s. S. 54) gilt als eine der schönsten Panoramastraßen der Welt

048tr-RZPR

049tr-sp

Parken

Im Zentrum kann man fast ausschließlich in **gebührenpflichtigen Zonen** (rot und gelb) parken, die von Montag bis Samstag von 8 bis 20 Uhr gelten. Tickets dafür gibt es an Automaten, an denen man jedenfalls mit Münzen, manchmal auch mit Kredit- oder Bankomatkarte bezahlen kann.

Empfehlenswert, weil zentral gelegen, sehr groß und mit einer Stundengebühr von 1 € recht günstig, ist der Parkplatz auf dem Molo IV am Alten Hafen.

P124 [D2] **Parcheggio Molo IV,** Punto Franco Vecchio, www.triesteterminal.it/parkplatze

P125 [E1] **Parcheggio Silos,** Piazza della Libertà 9, http://www.sabait.it/it/parcheggi/trieste/trieste-silos. Direkt am Hauptbahnhof.

P126 [E4] **Park San Giusto,** Via del Teatro Romano 16, Tel. 040 363265, www.parksangiusto.it. Das Parkhaus wartet als Bonus mit einem Lift auf, der auf den Stadthügel San Giusto führt.

Freie Parkplätze sind im Zentrum von Triest Mangelware

Weitere **Parkgaragen** im Stadtgebiet sind unter www.tuttocitta.it/parcheggi/trieste gelistet.

Große, kostenpflichtige Parkplätze befinden sich an den **Rive** (s. S. 36), rund um das Kongresszentrum gegenüber der Piazza dell'Unità d'Italia ❶. In **Barcola** [bg] gibt es 400 kostenlose Plätze auf dem Parcheggio Bovedo am Viale Miramare.

Tanken

Wie fast überall ist auch in Italien das Tanken an der Autobahnraststätte in der Regel deutlich teurer als an anderen Tankstellen. Generell ist Treibstoff in Italien meist kostspieliger als etwa in Deutschland oder Österreich.

Die **Tankstellen an den Autobahnen** sind meistens rund um die Uhr geöffnet und mit Personal besetzt. Alle anderen haben sehr unterschiedliche Öffnungszeiten, viele öffnen gegen 7 Uhr, haben oft eine lange Mittagspause und schließen abends spätestens um 22 Uhr. Allerdings gibt es oft auch **Zapfautomaten.** Diese erkennt man an einem Schild *„fai da te"* („mach es selbst"). Auch *„aperto 24 ore"* weist auf eine Tankstelle mit Zapfautomaten hin. Die Automaten akzeptieren Geldscheine und grundsätzlich auch Kreditkarten.

Auto- und Motorradvermietung

Triest gilt als die inoffizielle Vespa-Hauptstadt Italiens. Wer einmal durch die Stadt gebummelt ist, versteht warum: Ein nicht unerheblicher Teil der Triestiner macht sich im dichten Verkehr die Wendigkeit des Zweiradflitzers zunutze. Wer sich wie die Einheimischen per **Vespa** durch die Stadt bewegen möchte, kann die Zweiräder auch mieten

•127 [ci] **Vespaverleih Alba Chiara,** Strada di Fiume 45, Tel. 328 2172548, www.albachiaranoleggi.it

Die großen **Mietautofirmen** sind in Triest nicht nur am Flughafen vertreten, sondern zum Teil auch in der Stadt.

- **Avis,** Nuova Stazione Marittima, Molo Iv, Tel. 040 300820, www.avisautonoleggio.it
- **Maggiore Rent,** Piazza della Libertà 8, Tel. 040 421323, www.maggiore.it
- **Europcar,** Androna Campo Marzio 3, Tel. 348 222198, geöffnet: Mo.–Do. 8–12 und 14–18, Fr. 8–16 Uhr, www.europcar.it
- **Hertz,** Molo IV, P. Franco Vecchio, Tel. 040 3220098, www.hertz.it/p/noleggio-auto/italia/trieste
- **Publirent,** Via Fianona 2, Tel. 040 380240, www.publirent.it

Barrierefreies Reisen

Viele Museen und Sehenswürdigkeiten sind **barrierefrei** zugänglich, es gibt auch eine große Auswahl an geeigneten Unterkünften. Einige Triestiner Sehenswürdigkeiten haben auch spezielle Angebote für Menschen mit besonderen Bedürfnissen. So wird etwa im Multimediazentrum der Grotta Gigante **42** für gehbehinderte Menschen, die nicht an den Führungen durch die Grotte teilnehmen können, eine virtuelle Tour durch die Tropfsteinhöhle angeboten.

Die Website **„Trieste per tutti"** („Triest für alle", www.triestepertutti.comune.trieste.it) gibt einen Überblick über die barrierefreie Zugänglichkeit von Hotels, Pensionen, Sehenswürdigkeiten, Parkplätzen und öffentlichen Verkehrsmitteln. Ähnliche Informationen bietet auch die Website **„Trieste Abile"** (www.triesteabile.it).

Die kommunalen **Verkehrsbetriebe** haben in den vergangenen Jahren das Angebot an für Rollstühle zugänglichen Autobussen ausgeweitet. Im Rahmen des Projekts **Bus-Pedone** wurden die Linien 6, 9 und 10, die praktisch das gesamte Stadtgebiet abdecken, mit speziellen Haltestellen ausgestattet *(fermate amiche,* erkennbar an einer gelben Bodenmarkierung), an denen ein einfaches Zu- und Aussteigen mit dem Rollstuhl möglich ist. Einige davon verfügen auch über einen angrenzenden Behindertenparkplatz.

- www.triestetrasporti.it/index.php?servizi-per-i-disabili

Diplomatische Vertretungen

- **Deutsche Botschaft,** Via San Martino della Battaglia 4, Rom, Tel. 06 49213208 oder in Notfällen außerhalb der Öffnungszeiten Tel. 335 7904170, www.rom.diplo.de
- **Österreichische Botschaft,** Via Giovanni Battista Pergolesi 3, Rom, Tel. 06 8440141 oder in Notfällen außerhalb der Öffnungszeiten Tel. 335 7089749, www.bmeia.gv.at/oeb-rom
- **Schweizer Botschaft,** Via Barnaba Oriani 61, Rom, Tel. 06 809571, www.eda.admin.ch/roma

Informationsquellen

Infostellen zu Hause

Ital. Zentrale für Tourismus ENIT

- **Deutschland:** Barckhausstraße 10, Frankfurt am Main, www.enit-italia.de
- **Österreich:** Mariahilfer Straße 1b, Wien, www.enit.at
- Zentrale Website: www.enit.it/de

Infostellen in der Stadt

Touristeninformationen

ⓘ**128** [D3] **Trieste Infopoint Turismo FVG,** Ecke Piazza dell'Unità d'Italia und Via dell'Orologio 1e, Tel. 0039/040 3478312, www.turismofvg.it/

EXTRAINFO

Touristenkarte

Mit der **FVG Card** *(Friuli-Venezia-Giulia-Card)* kann man in Triest eine ganze Reihe von Museen und anderen Sehenswürdigkeiten kostenlos besuchen, bekommt eine Ermäßigung bei der Benutzung des Stadtbusses und kann ohne Zusatzkosten an den geführten Spaziergängen der Tourismusinformation teilnehmen. Die FVG Card ist eine personenbezogene Chipkarte mit einer Gültigkeit von 48 bzw. 72 Stunden oder sieben Tagen zu 18, 21 oder 29 €. Verkaufsstellen, Onlineverkauf und Details zu allen Ermäßigungen gibt es, laufend aktualisiert, auf der Website www.turismofvg.it/Angebote/FVG-Card.

Reiseinformation/Tourismusbüros/Triest-Tourismusbüros, www.discover-trieste.it, geöffnet: Mo.–Sa. 9–18, So. und feiertags 9–13 Uhr

129 [E3] **Consorzio Promotrieste,** Via Cassa di Risparmio 10/3, Tel. 040 304888, www.promotrieste.it, Mo.–Fr. 9–13 und 14–18 Uhr

Veranstaltungs- und Kartenservice

•**130** [E3] **Ticketpoint,** Corso Italia, 6/C, Tel. 040 3498276

Fundbüro

•**131** [D3] **Ufficio oggetti smarriti (Städtisches Fundbüro),** Piazza dell'Unità d'Italia 4, Ebene A, Zimmer 36, Tel. 040 6754656, geöffnet: Mo.–Fr. 9.30–11.30 Uhr

•**132** [ci] **Ufficio oggetti rinvenuti (Fundbüro der Stadtautobusse),** Via dei Lavoratori 2, presso, Tel. 040 7795333, geöffnet: Mo.–Do. 8.30–13 und 14–15 Uhr, Fr. 8.30–13 Uhr

Die Stadt im Internet

- **www.turismofvg.it** – Seite des Tourismusverbandes der Region Friaul-Julisch Venetien mit einem umfassenden Informationsangebot – von Unterkünften über Restaurants und Sehenswürdigkeiten bis zu aktuellen Promotionaktionen. Ein Großteil der Informationen ist auch auf Deutsch verfügbar.
- **http://fvg.info/de** – Verzeichnis von Gastronomie- und Hotelleriebetrieben, Shoppingmöglichkeiten und Ausflugszielen in der gesamten Region auf Deutsch, Englisch und Italienisch
- **www.promotrieste.it** – Webangebot des Promotrieste – Convention & Visitor Bureau auf Englisch und Italienisch. Neben vielen Tipps für Übernachtung, Gastronomie, Shopping und Sehenswürdigkeiten gibt es auch eine Übersicht über bevorstehende Kongresse.
- **www.mtvfriulivg.it** – Website für Weinliebhaber, Portal des Movimento Turismo del Vino, des Verbandes der Weinkellereien, mit interessanten Verkostungsrouten
- **www.trekandbikefriul.com** – Infos für alle, die gerne wandern und Rad fahren
- **http://lifeintrieste.blogspot.it** – informativer, oft auch amüsanter Blog über das Alltagsleben in der Stadt auf Englisch. Es schreiben Expats der Italian-American Association in Triest.
- **www.tuttocitta.it/eventi/Trieste** – Eventwebsite auf Italienisch, wird laufend aktualisiert und bietet auch eine Suchfunktion
- **www.discover-trieste.it** – Infoangebot mit Spaziergängen abseits der üblichen touristischen Routen, Tipps fürs Kinderprogramm und v. a. m.
- **www.trieste.com/calendario-eventi.html** – umfangreiches Verzeichnis von Events und Veranstaltungen unterschiedlicher Kategorien
- **www.triesteprima.it** – alle News zur Stadt, allerdings nur auf italienisch

Unsere Literaturtipps

- Covacich, Mauro: **Triest verkehrt. Fünfzehn Spaziergänge in der Stadt des Windes.** Verlag Klaus Wagenbach. Der Autor nimmt die Leser mit auf einen Ausflug durch sein Triest – vom Viertel seiner Kindheit und Jugend San Giovanni bis zu den großen Wahrzeichen der Stadt wie Miramare. Mit einer garantiert speziellen Perspektive auf scheinbar Bekanntes.
- Gretter, Susanne (Hg.): **Europa Erlesen Triest.** Wieser Verlag. Eine Anthologie, die sich hervorragend zum Einlesen vor einem Triest-Besuch eignet. Die großen Namen der Triestiner Literaturgeschichte und -gegenwart sind ebenso vertreten wie z. B. Hilde Spiel, die Triest ein literarisches Denkmal in Form einer berührenden Liebesgeschichte gesetzt hat.
- Longo, Gaetano: **Libero. Geschichten aus einer Triestiner Osteria.** Übersetzt mit einem Nachwort von Walter Grünzweig. Wieser Verlag. Longo erzählt in vielen Details die Geschichte des aus Istrien stammenden bekannten Triestiener Wirtes Libero Slobodan Lagonis. Die Osteria in der Via Risorta existiert noch heute und wird seit dem Tod Liberos im Jahr 2006 von seinem Neffen geführt.
- Magris, Claudio: **Schnappschüsse.** Humorvolle und poetische Momentaufnahmen, erschienen zum 80. Geburtstag von Claudio Magris. Eine köstliche Poesie des Alltagslebens.
- Ara, Angeol / Magris, Claudio: **Triest: Eine literarische Haupstadt.** Hier haben zwei Kenner und Könner eine wunderbare Literatur- und Kulturgeschichte Triests geschrieben.
- Wurster, Gaby (Hg.): **Triest. Eine literarische Einladung.** Verlag Klaus Wagenbach. „Die nördlichste Stadt des Südens, einst die südlichste Stadt Mitteleuropas", wie die Herausgeberin Triest bezeichnet, wird in dieser Anthologie auf vielfältige Weise beschrieben: Von Umberto Saba, Scipio Slapater, Italo Svevo oder dem irischen Wahltriestiner James Joyce ebenso wie von zeitgenössischen Autoren wie Claudio Magris, Susanna Tamaro, Christoph Ransmayr, Werner Kofler, Veit Heinichen und vielen anderen, die einen Einblick in ihr Triest geben, weitab von den üblichen touristischen Klischees. Eine großartige Einstimmung für einen Triest-Besuch.
- Yriarte, Carlo: **Trieste.** Edizioni Biblioteca dell'immagine. Dieser schön gestaltete zweisprachige Band aus der Reihe „Il giro del mondo – Die Reise um die Welt" ist ein Nachdruck einer Serie der Gebrüder Trebes, die zwischen 1864 und 1880 in Mailand erschienen ist und zahlreiche Reiseberichte versammelt. Im Triest gewidmeten Band 1 beschreibt der französische Autor Yriarte eine Reise, die er 1874 in die Adriametropole gemacht hat.
- Im Kapitel **Krimistadt Triest** (s. S. 109) sind Empfehlungen für Triester Regionalkrimis gesammelt.

Apps

- **TRIESTE TRASPORTI** – App der Verkehrsbetriebe (auch auf Englisch) mit Informationen zu den Routen, Fahrplänen und der Möglichkeit, Online-Tickets zu kaufen (gratis für Android und iOS)
- **LIVE IT APP** – auch auf Deutsch verfügbare App mit Routen, Sehenswürdigkeiten und Veranstaltungen (gratis für Android und iOS)
- **Grotta Gigante** – Mit dieser App, die auch auf Deutsch verfügbar ist, können sich Besucher der Grotta Gigante

multimedial begleiten lassen (gratis für Android).

- **100 Trieste** – Diese App, die von der Triestiner Handelskammer zur Verfügung gestellt wird, beschreibt über einhundert Sehenswürdigkeiten, informiert über regionale Produkte und liefert Anleitungen für thematische Spaziergänge, auch auf Deutsch (gratis für Android und iOS).

Triest preiswert

- *Mit der **FVG Card** (s. S. 116) kann man in Triest und Umgebung eine Reihe von Museen und anderen Sehenswürdigkeiten kostenlos besuchen, bekommt eine Ermäßigung bei der Benutzung des Stadtbusses und kann ohne Zusatzkosten an den geführten Spaziergängen der Tourismusinformation (s. S. 123) teilnehmen.*
- *„**Al banco**" – also an der Theke – gelten in vielen Cafés und Bars günstigere Preise als an den Tischen.*
- ***Preiswert essen** kann man mittags und am frühen Abend, indem man statt ins Restaurant zu gehen eines der Triestiner Buffets (s. S. 68) besucht.*
- ***Kostenloser Kulturgenuss:** Vor allem im Sommer gibt es immer wieder Konzerte an zentralen Plätzen der Stadt – Kulturgenuss unter freiem Himmel bei freiem Eintritt. Das jeweils aktuelle Programm findet sich unter www.turismofvg.it/Veranstaltungen.*

Internet

In sehr vielen Hotels, Restaurants und Cafés ist die Verfügbarkeit von kostenlosem oder kostenpflichtigem **WLAN** inzwischen Standard.

Das Projekt „Wifi TT Bus", das freies WLAN in den Bussen von Trieste Trasporti (s. S. 127) bietet, wurde realisiert, ist aber immer wieder Gegenstand politischer Debatten.

Zuverlässige **Anlaufstellen,** wenn man über kein eigenes Mobilgerät oder Notebook verfügt und einen Computerarbeitsplatz braucht, sind das **Knulp** (s. S. 77), ein als alternative Kooperative geführtes Café und Kulturzentrum im Cavana-Viertel, oder der **Lesesaal der Stadtbibliothek** (s. S. 42).

050tr-nb

Medizinische Versorgung

Erste Hilfe

Unter der **Telefonnummer 118** erreicht man den medizinischen Notdienst. Je nach den Umständen kommen der Rettungsdienst, der die beiden öffentlichen Krankenhäuser anfährt, bzw. der ärztliche Notdienst, der telefonische Beratung und Hausbesuche anbietet, zum Einsatz.

Krankenhäuser

Wer bei einer Verletzung oder einem sonstigen medizinischen Notfall nicht den Krankenwagen rufen will, sondern gleich selbst eine der Notaufnahmeambulanzen aufsuchen möchte, wendet sich am besten an eines der beiden im Klinikverbund Ospedali Riuniti zusammengefassten Häuser, die alle medizinischen Fachbereiche abdecken, einschließlich zahnmedizinischer und pädiatrischer Notfälle.

- 133 [G3] **Ospedale Maggiore di Trieste,** Piazza dell'Ospitale 1, www.asuits.sanita.fvg.it, Haltestelle der Buslinien 5, 11, 22, 23, 26, 37, 40, Tel. 040 3991111, www.aots.sanita.fvg.it/aots/portale/welcome.asp
- 134 [di] **Ospedale di Cattinara,** Strada di Fiume 447, Haltestelle der Buslinien 22, 25, 26, 39, 48, 49, Tel. 040 3991111, www.asuits.sanita.fvg.it

Apotheken

Triest hat ein sehr dichtes Netz an Apotheken, die man am grünen Kreuz und der Aufschrift „*farmacia*" erkennt und an allen großen Straßen findet. Die diensthabenden Apotheken für die Nacht- und Wochenendversorgung sind auf der Internetseite www.farmacistitrieste.it zu finden, auch am Eingang der Apotheken sind außerhalb der Öffnungszeiten die jeweils diensthabenden Apotheken ausgewiesen.

Das Knulp (s. S. 77) bietet Kaffeehausatmosphäre und Internetzugang

Mit Kindern unterwegs

Die kilometerlangen flachen Sandstrände, die Adriaorte wie Lignano oder Grado zum beliebten Familienreiseziel machen, fehlen in Triest mit wenigen Ausnahmen. Aber auch die jüngeren Mitreisenden angemessen zu beschäftigen, das wirft in der Adriametropole nicht das geringste Problem auf. Denn abgesehen von den vielen **Bädern** (s. S. 40) gibt es zahlreiche Ausflugsziele und Angebote, die für Kinder und Jugendliche hervorragend geeignet sind, zum Beispiel die Schlösser **Duino** 39 und **Miramare,** wobei in Miramare neben dem **Museum im Schloss** 36 selbst auch die **Ausstellung des World Wildlife Fund (WWF)** 38 in den ehemaligen Stallungen *(scuderie)* des Schlosses über die lokalen Meerestiere und -pflanzen bei Kindern gut ankommt.

Ganz in der Nähe des Schlosses Miramare, in der Bucht von Grignano, befindet sich das **Science Centre Immaginario Scientifico,** ein modernes wissenschaftliches Museum, das mit einem umfassenden interaktiven und multimedialen Angebot die spielerische Neugier fördern will.

Andere attraktive Anlaufstellen für ein Kinderprogramm sind das **Aquario Marino** 26 gegenüber der Piazza dell'Unità d'Italia oder das **Naturhistorische Museum** (Museo di Storia Naturale, s. S. 63). Im **Trieste Adventure Park** finden sich vielfältige Aktivitäten für Kinder. Hier gibt es die unterschiedlichsten Parcours mit variierenden Schwierigkeitsgraden für alle Altersstufen: Klettern, Abseilen, mit Lianen schwingen und vieles mehr. Ein vielfältiger

Abenteuerpark in der Natur mit Herausforderungen für Jung und Alt.

135 [af] **Immaginario Scientifico,** Riva Massimiliano e Carlotta 15, Grignano, www.immaginarioscientifico.it, Tel. 040 224424, geöffnet: So. 10–18 Uhr, für Gruppen und Schulklassen nach Vereinbarung, Eintritt: 6,50 €, ermäßigt 4,50 €, Autobus Nr. 6 in Richtung Grignano, Endstation Grignano

•**136 Trieste Adventure Park,** Località Ceroglie 1, Duino Aurisina, Tel. 346 6326133, www.triesteadventurepark.it, geöffnet Ende April–Juni, Mitte Sept.–Nov. Sa./So 9–19, Juli–Mitte Sept. tgl. 10–19 Uhr (kann variieren, aktuelle Zeiten bei Facebook), Eintritt für 2½ Std. je nach Kindesalter zwischen 3 und 20,50 €, erw. Begleitpersonen 1,50 €

Notfälle

Wie überall in der EU gilt in Italien die einheitliche **Notrufnummer 112.** Weiterhin sind auch die folgenden kostenlosen Notrufnummern erreichbar:

- **Polizei:** 113
- **Feuerwehr:** 115
- **Ambulanz:** 118

In Notfällen wie beim Verlust der Ausweispapiere oder wenn medizinische und anwaltliche Hilfe sowie ein Dolmetscher erforderlich sind, wendet man sich am besten an die **Botschaft des Heimatlandes** (s. S. 115).

Kartensperrung

Bei **Verlust der Debit-/Giro-, Kredit- oder SIM-Karte** gibt es für Kartensperrungen eine **deutsche Zentralnummer** (unbedingt vor der Reise klären, ob die eigene Bank bzw. der jeweilige Mobilfunkanbieter diesem Notrufsystem angeschlossen ist). **Aber Achtung:** Mit der telefonischen Sperrung sind die Bezahlkarten zwar für die Bezahlung/Geldabhebung mit der PIN gesperrt, nicht jedoch für das **Lastschriftverfahren mit Unterschrift.** Man sollte daher auf jeden Fall den Verlust zusätzlich **bei der Polizei zur Anzeige bringen,** um gegebenenfalls auftretende Ansprüche zurückweisen zu können.

In **Österreich** und der **Schweiz** gibt es keine zentrale Sperrnummer, daher sollten sich Besitzer von in diesen Ländern ausgestellten Debit- oder Kreditkarten vor der Abreise bei ihrem Kreditinstitut über den zuständigen Sperrnotruf informieren. Generell sollte man sich immer die **wichtigsten Daten** wie Kartennummer und Ausstellungsdatum **separat notieren,** da diese unter Umständen abgefragt werden.

- **Deutscher Sperrnotruf:** Tel. +49 116116 oder Tel. +49 3040504050
- **Weitere Infos:** www.kartensicherheit.de, www.sperr-notruf.de

Öffnungszeiten

In Triest gibt es **keine einheitlichen Ladenöffnungszeiten.** Die Öffnungszeiten der **Geschäfte** liegen in der Regel zwischen 9.30 und 20 Uhr. Kleinere Läden machen oft eine längere Mittagspause zwischen 12.30/13 Uhr und 15.30/16 Uhr. Viele Supermärkte, die größeren Kaufhäuser und Einkaufszentren haben auch sonntags geöffnet. Mit der Einstufung von Triest als „cittá turistica“, also als eine für den italienischen Tourismus wichtige Stadt, sind großzügigere Öffnungszeiten möglich. Mit dem Schild *„chiuso per ferie“* („Wegen Urlaub geschlossen“) muss man auch Mitte August und zwischen Weihnachten und Neujahr an manchen Geschäften rechnen.

Banken haben kurze Öffnungszeiten, die in der Regel zwischen 8.30 und 13.30 sowie 14.45 und 15.45 Uhr liegen. Man kann aber rund um die Uhr an den Automaten Geld abheben.

Post

Das **Porto** für Postkarten und Briefe bis 20 Gramm von Italien ins europäische Ausland beträgt 0,85 €. Die roten Briefkästen haben manchmal eine Unterteilung zwischen lokalen Sendungen *(per la città)* und Post für alle anderen Destinationen. **Briefmarken** *(francobolli)* kann man in Postämtern, aber auch in vielen Tabakläden *(tabacchi)* kaufen.

✉**137** [E2] **Hauptpostamt,** Piazza Vittorio Veneto 1, 040 6764281, geöffnet: Mo.–Fr. 8.20–19.05, Sa. 8.20–12.35 Uhr

Radfahren

Im Stadtzentrum selbst sind Fahrradfahrer noch eher selten anzutreffen. Es gibt zwar viele Sportradler – vor allem an der Costiera und im Karst – aber wenige Alltagsfahrer. Wer sich hier auf zwei Rädern fortbewegt, tut das üblicherweise auf einer Vespa. Fahrradfreundliche Infrastruktur wie **Radwege** oder Abstellmöglichkeiten sind im Stadtzentrum noch Mangelware, ein **Radständer** befindet sich auf der Piazza Attilo Hortis [C4]. An einigen Orten können die **Taxi- und Busspuren** von Radfahrern mitbenutzt werden, zum Beispiel in der Via Giuseppe Mazzini [E–F3].

Im **Café Knulp** (s. S. 77) im Cavana-Viertel können **Fahrräder ausgeliehen** werden (Reservierung unter Tel. 040 300021).

Rund um Triest gibt es eine Reihe attraktiver Radwege. Einer ist nach dem italienischen Radchampion Giordano Cottur benannt. Die 17 Kilometer lange Strecke führt vom Zentrum aus zur slowenischen Grenze. Der **Cottur-Radweg,** der im Stadtteil San Giacomo in der Via Giovanni Orlandini beginnt, ist eine leichte Strecke mit moderater Steigung und auch für Kinder geeignet.

› www.bahntrassenradwege.de (Menüpunkt: Italien/Rosandratal-Radweg).

051tr-RZPR

Im Karst über Triest ist die **Strada Napoleonica**, ein Wander- und Radweg mit schönem Blick auf die Stadt und den Golf, eine schöne Ausflugsroute.

S138 Carsokras, Località Duino 50, Duino-Aurisina, Tel. 3490095369 oder 3474400895, www.carsokras.com/it. Bei diesem Sportspezialisten in Duino kann man nicht nur **Fahrräder ausleihen,** sondern auch Radwanderungen mit einem ortskundigen Führer buchen.

› **www.piste-ciclabili.com/provincia-trieste:** Hier gibt es eine schöne Übersicht über Radwanderwege in der Provinz Triest.

Am Obelisk 41 startet die Strada Napoleonica, ein Wander- und Radweg mit schönem Blick auf Stadt und Golf

Infos für LGBT+

Gleichgeschlechtliche Paare – ob Triestiner oder Touristen – sind im Stadtbild selbstverständlich, auch wenn es in Italien durchaus Städte mit einer aktiveren und ausgeprägteren LGBT-Szene gibt. Die Website www.gayfriendlyitaly.com weist Triest jedenfalls in der Kategorie der italienischen Städte mit dem geringsten „Homophobiegrad" aus. Eine der großen italienischen LGBT-Organisationen, Arcigay, hat auch eine Niederlassung in Triest.

Auf einer Reihe von Internetplattformen werden hilfreiche Tipps angeboten, welche Unterkünfte oder Treffpunkte in Triest als besonders gay friendly ausgewiesen sind:

› *www.gayscout.com/de/city2239/triest*

140 *[F4]* ***Arcigay Arcilesbica Arcobaleno Trieste,*** *Via Pondares 8, Tel. 320 3486300, www.arcigaytrieste.it, Triestiner Büro einer der größten LGBT-Organisationen in Italien – Informationen, Kultur- und Freizeitangebote*

141 *[A4]* ***Jotassassina,*** *Via del Joter scatenato, Tel. 3928834153, www.facebook.com/jotassassinaofficial. Angesagter Klub, der – nicht nur, aber besonders – die LGBT-Community bedient.*

› ***Gay-Strand in Sistiana:*** *Nicht weit von Triest, in Richtung Duino* 39*, gibt es populäre „gay-friendly"-Strände: Liburnia (www.liburniats.org) und Costa dei Barbari.*

Sicherheit

Triest gilt als ein besonders **sicheres Reiseziel** und ist regelmäßig auf den hinteren Plätzen der italienischen Kriminalstatistik zu finden. **Taschendiebstähle** kommen so häufig vor wie überall sonst auch, wo es größere Menschenansammlungen gibt.

Bei zum Teil hohen Strafen verboten ist das Kampieren auf Parkbänken oder auf öffentlichen Plätzen, das Betteln und das Rauchen bzw. der Alkoholgenuss in öffentlichen Parks. Diese Bestimmungen beschäftigen zum Teil noch die Gerichte.

139 [E3] **Questura (Polizeipräsidium),** Via Tor Bandena 6, Tel. 040 3790111, mit durchgehendem Journaldienst. Im Internet unter der Adresse http://questure.poliziadistato.it/trieste sind alle Kommissariate in der Stadt angeführt.

Sprache

Da Triest ein beliebtes touristisches Ziel und auf ausländische Besucher eingestellt ist, kommt man in der Stadt auch

KURZ & KNAPP

Italienisch, Slowenisch, Triestinisch

Offizielle Amtssprachen in der Provinz Triest sind Italienisch und Slowenisch – Letzteres Ausdruck des Schutzes der Rechte der slowenischen Minderheit, der größten ethnischen Minderheit der Region.

Im Alltag wird von vielen Triestinern das sogenannte „Triestinisch" (italienisch *Triestino*, triestinisch *Triestin)* gesprochen. *Triestin* ähnelt dem Venezianischen, enthält aber auch Elemente der friulanischen, slowenischen, kroatischen, deutschen und griechischen Sprache.

gut zurecht, ohne Italienisch sprechen zu können.

In vielen Hotels, Restaurants und Geschäften finden sich Ansprechpartner, die Deutsch oder zumindest Englisch sprechen, auch **Speisekarten** sind häufig ins Englische und Deutsche übersetzt – wenn auch durchaus mit den üblichen amüsanten Stilblüten.

Eine kleine Sammlung wichtiger **italienischer Begriffe** findet sich in der **„Kleinen Sprachhilfe"** im Anhang dieses Buches (s. S. 130).

Stadttouren

Ein einfacher und praktischer Weg, die Stadt zu erkunden, sind die von der Touristeninformation Turismo FVG das ganze Jahr über angebotenen **Audioguides**, die auch auf Deutsch zur Verfügung stehen. Die Audioguides können am **Infopoint** der **Touristeninformation** (s. S. 115) auf der Piazza dell'Unità d'Italia für 5 € (eine Person) oder 8 € (zwei Personen) ausgeliehen werden, mit der FVG Card (s. S. 116) sind sie kostenlos.

› Weitere Infos: www.turismofvg.it

Wer einem Guide lieber auch Fragen stellen möchte, schließt sich am besten den **deutsch- und englischsprachigen Stadtführungen** an, die in der Sommersaison bei der **Touristeninformation** an der Piazza dell'Unità d'Italia ❶ starten. Die Führungen kosten 8,50 €, mit der FVG Card (s. S. 116) sind sie kostenlos. Für die jeweils aktuellen Zeiten und Routen, die Änderungen unterliegen, erkundigt man sich am besten vorher beim Infopoint der Turismo FVG.

› Infopoint Turismo FVG (s. S. 115)

Trieste Itinerari heißt ein Projekt, das ausführliche schriftliche Anleitungen für zahlreiche thematische Spaziergänge durch Triest anbietet – architektonische, historische, religiöse und literarische. Alle gibt es neben der italienischen Version auch auf Englisch, viele auch auf Deutsch. Die Zum Ausdrucken oder Online-Lesen:

› http://itinerari.comune.trieste.it

Ein spezielles Angebot für Sportliche sind die **Trieste Running Tours:** Mit Längen zwischen 4 und 21 Kilometern gibt es für Anfänger, Fortgeschrittene und sehr gut trainierte Läufer unterschiedlich organisierte und begleitete Lauftouren:

› www.discover-trieste.it/code/17077/ Trieste-Running-Tours).

Hoptours bietet eine „Hop-on Hop-off"-Busroute mit 12 Stationen an. Die Touren starten beim Molo Audace ㉕, man kann an allen Stationen aus- und später wieder einsteigen. Es gibt zwischen fünf und zehn Touren täglich. Details und Tickets:

› www.hoptour.it.

Telefonieren

Seit 2017 gibt es in der EU keine Roaminggebühren mehr. Damit wird das Telefonieren und Surfen mit dem Handy im EU-Ausland so günstig wie zu Hause – es sei denn, man nutzt das Handy im Ausland über einen längeren Zeitraum hinweg, dann können je nach Anbieter Nutzungsobergrenzen gelten.

Für Anrufe von Deutschland, Österreich und der Schweiz nach Italien muss nach der Landeskennzahl die **Null der Ortsvorwahl** mitgewählt werden, für Triest also 0039040 …

Eine andere Besonderheit: Auch innerhalb des Ortsnetzes muss die **Vorwahl** der Stadt mitgewählt werden, in Triest also immer 040.

Für Anrufe **von Triest** nach Deutschland wählt man 0049 vor, nach Österreich 0043 und in die Schweiz 0041.

Unterkunft

Besucher der Adriametropole haben die Wahl zwischen einer Vielfalt von Unterkünften in allen Preiskategorien – von nicht klassifizierten oder 1-Stern-Pensionen bis zur 4- und 5-Sterne-Kategorie. Bed & Breakfast-Angebote erleben in letzter Zeit auch in Triest einen regelrechten Boom, und für Kostenbewusste stehen auch Hostels sowie eine Reihe von Campingplätzen an der Küste zwischen Duino und Muggia und im Karst zur Verfügung.

Trotz des großen Angebots an Unterkünften ist es in der Hauptreisezeit und an langen Wochenenden empfehlenswert, schon von zu Hause aus ein Zimmer zu buchen und sich nicht erst vor Ort auf die Suche zu begeben.

In Triest wird eine **„City Tax"** in Höhe von 2 € pro Person erhoben, ausgenommen sind Kinder bis zu 10 Jahren.

Ausführliche Übersichten über verfügbare Zimmer in allen Preiskategorien finden sich auf den **Tourismusportalen der Region und der Stadt:**

› www.turismofvg.it
› www.discover-trieste.it

Hotels

🏨**142** [F2] **Alla Posta** €€€, Piazza Guglielmo Oberdan 1, www.albergopostatrieste.it, Tel. 040 365208. **Zentral gelegen, gute Qualität:** gutes Frühstück, freundliches Personal, vernünftiges Preis-Leistungs-Verhältnis. Neu ist eine 4-Sterne-Etage im 3-Sterne-Haus, die mit Parkettböden und Marmorbadezimmern ausgestattet ist.

Die Rezeption des Grand Hotel Duchi d'Aosta mit dem Doppeladler der Habsburger Monarchie – für viele Triestiner ein nostalgischer Referenzpunkt

EXTRAINFO

Buchungsportale

Neben Buchungsportalen für **Hotels** (z. B. www.booking.com, www.hrs.de oder www.trivago.de) bzw. für **Hostels** (z. B. www.hostelworld.de oder www.hostelbookers.de) gibt es auch Anbieter, bei denen man **Privatunterkünfte** buchen kann. Portale wie www.airbnb.de, www.wimdu.de oder www.9flats.com vermitteln Wohnungen, Zimmer oder auch nur einen Schlafplatz auf einer Couch. Diese oft recht günstigen Übernachtungsmöglichkeiten sind nicht unumstritten, weil manchmal normale Wohnungen gewerblich missbraucht werden. Einige Städte greifen deshalb regulierend ein.

🏨**143** [D3] **Grand Hotel Duchi d'Aosta** €€€, Piazza dell'Unità d'Italia 2, www.duchi.eu, Tel. 040 7600011. **Stilvoll nächtigen am Hauptplatz:** einer der elegantesten Plätze für einen Aufenthalt in Triest, mitten auf der Piazza dell'Unità d'Italia. Je nach Buchungslage und Sonderangeboten durchaus erschwinglicher als das schicke Ambiente vermuten lässt. Hervorragendes Restaurant.

🏨**144** [E3] **Hotel Coppe Trieste** €€€, Via Giuseppe Mazzini 24, Tel. 040 761614, www.hotelcoppetrieste.it. **Moderner Schick in Traditionsgebäude:** Designhotel im Herzen des Borgo Teresiano in einem denkmalgeschützten Gebäude aus dem 17. Jahrhundert. Gut bestücktes Frühstücksbuffet, helle, freundliche Zimmer.

🏨**145** [ce] **Hotel Krizman** €, Repen 76, Monrupino, Tel. 040 327115, 327468, www.hotelkrizman.eu. **Ruhe genießen im Karst:** gemütliches Karsthotel mit 30 Betten und schönem Garten, in dem im Sommer das Essen serviert wird.

🏨**146** [af] **Hotel Mignon** €, Via Carlo Junker 12, Tel. 040 224611. **Individuell**

052tr-nb

Wohnen an einer kleinen Bucht: familiäres Hotel in unmittelbarer Nachbarschaft zum Schloss Miramare und direkt am Hafen von Grignano gelegen. Individuell eingerichtete Zimmer, zum Teil mit kleinen Balkonen und Meerblick. Von Anfang November bis Anfang März ist das Mignon geschlossen.

147 [bg] **Hotel Tritone** €, Viale Miramare 133, www.tritonehotel.org, Tel. 040 422811. **Angenehm wohnen bei der Kooperative:** von einer Genossenschaft geführtes Hotel mit 16 einfachen Zimmern, zum Teil mit Balkon, einige Schritte vom Hafen von Barcola entfernt.

148 [D4] **James Joyce** €€, Via dei Cavazzeni 7, www.hoteljamesjoyce.com, Tel. 040 9712330. **Auf den Spuren des irischen Dichters:** atmosphärisches Designhotel in einem Gebäude aus dem 18. Jahrhundert, mit 14 Zimmern, mitten in der Altstadt, ein paar Schritte von der Piazza dell'Unità d'Italia entfernt.

149 [ae] **Riviera e Maximilian's** €€€, Strada Costiera 22, Tel. 040 224551, http://hotelrivieraemaximilian.com/de. **Traumhafter Meerblick, hoher Komfort:** Hotel in sehr schöner Lage über der Bucht von Grignano. Alle Zimmer haben Meerblick. Hervorragendes hauseigenes Restaurant, schöner Spa und eine spezielle Auszeichnung als haustierfreundliches Hotel. Im Sommer gelangt man über einen speziellen Lift direkt in eines der beiden Bäder von Grignano.

150 [D3] **Savoia Excelsior Palace** €€, Riva del Mandracchio 4, Tel. 040 77941, www.starhotelscollezione.com/en/our-hotels/savoia-excelsior-palace-trieste. **Zentrale Lage in Küstennähe:** Viele Zimmer des Hotels an den Rive bieten einen fantastischen Meerblick. Elegantes Traditionshotel, das im alten Stil renoviert wurde und eine schöne Bar bietet.

Preiskategorien

€	bis 100 €
€€	bis 200 €
€€€	ab 200 €

Den Kategorien liegen die **Preise** für ein **Doppelzimmer mit Frühstück** zugrunde, die allerdings nach Auslastungsgrad und Saison erheblichen Schwankungen unterliegen können.

151 [G4] **Victoria Hotel Letterario** €€€, Via Alfredo Oriani 2, Tel. 040 362415, www.hotelvictoriatrieste.com. **Nicht nur für Literaturbegeisterte:** Als „literarisches" Hotel versteht sich das Victoria und pflegt das Flair – schließlich soll James Joyce in diesem Gebäude einst einen seiner Triestiner Wohnsitze gehabt haben. Angenehme Zimmer, schöner Spa-Bereich, auch Appartements werden angeboten.

Bed and Breakfast

152 [E3] **Al Ponte Rosso** €, Piazza del Ponterosso 3, Tel. 040 2600312, www.alponterosso.it. **Romantisch wohnen am Canal Grande:** Nettes B&B mit drei Zimmern, direkt am Ponte Rosso gelegen. Und wieder einmal streift einen der Mantel der Literatengeschichte: Auch in diesem Gebäude hat James Joyce einmal residiert.

153 [ae] **Le 5 Muse** €€, Via del Pucino 12, Grignano, Tel. 347 6928439. **Kleines, feines und stylisches B&B:** in Grignano nahe dem Schloss Miramare. Toller Ausblick, sympathische Gastgeber.

154 [F3] **Residenza le 6A** €, Via Santa Caterina da Siena 7, www.residenzale6a.it, Tel. 040 6726715. **Für Literatur- und Vespa-Fans:** Pension in der Fußgängerzone des Borgo Teresiano mit sechs individuell gestalteten Zimmern. Jedes ist einer Protagonistin des Schriftstellers Italo Svevo gewidmet, deren Vorname mit A beginnt – daher der ungewöhnliche Name. Originell ist auch ein Spezialservice des Hauses: Ab zwei Nächten Aufenthalt wird den Gästen eine Vespa samt Helm zur Verfügung gestellt.

155 **Villa Gruber** €€, Via Duino Porto 61F, Tel. 040 208115, www.villagruber.com. **Auf Rilkes Spuren:** Familiäre Pension mit acht einladenden Zimmern in der Bucht von Duino, längst kein Geheimtipp mehr für Triest-Besucher, die etwas Besonderes suchen.

Appartements

156 **Hollmann Residenza Trieste** €€€, Strada Costiera128, Tel. 0043 57778300, www.crazyhollmann.com/trieste/residenza. **Hochwertige Ferienwohnungen im romantischen Steinhaus:** an der Steilküste bei Santa Croce Mare gelegen, besonders attraktiv ist der eigene Strand. Qualität, die ihren Preis hat.

157 [D4] **Residence al Mare** €, Via della Madonna del Mare 4, Tel. 040 307346, http://residencedelmare.it. **Günstig wohnen im Ausgehquartier:** Appartementhaus im angesagten Cavana-Viertel mit 36 Wohnungen, einige davon für bis zu vier Personen. In fußläufiger Entfernung zu den wichtigsten Sehenswürdigkeiten.

158 [E2] **Seven Historical Suites** €€, Via Fabio Filzi 4, Tel. 040 7600817, www.seventrieste.com. **Stylish wohnen im Zentrum:** Individuell gestaltete Zimmer, Suiten, ein Appartement und mehr gibt es bei Seven Historical Suites, sehr zentral gelegen in der Nähe von Canal Grande und Piazza dell'Unità d'Italia. Freundliche Concierges unterstützen dabei, den Triest-Aufenthalt zu organisieren.

Jugendherberge

159 [af] **Ostello Tergeste** €, Viale Miramare 331, http://de.ostellotergeste.com, Tel. 040 224102. **Günstig übernachten direkt am Meer:** Jugendherberge in hervorragender Lage, angrenzend an den Schlosspark, mit schöner Panoramaterrasse. Zwei-, Vier-, Sechs- und Achtbettzimmer, Restaurant mit einem günstigen Menü.

Der Triestiner Hafen ist Ausgangspunkt für Kreuzfahrten in alle Welt

Camping

⚠160 **Camping alle Rose,** Via Sistiana 24 D, Tel. 040 299457, geöffnet: 10. Mai–30. Sept. **Kurzer Weg zum Stand:** Kleiner, gepflegter Campingplatz unweit vom Meer mit eigenem Shuttle-Service zum Strand.

⚠161 **Camping Mare Pineta,** Via Sistiana 60/d, Duino-Aurisina, Tel. 040 299264, www.marepineta.com. **Gepflegt schwimmen in Meer und Pool:** Moderner Campingplatz in der Bucht von Sistiana, neben Stellplätzen sind auch Wohnwagen verfügbar. Großer Poolbereich, Restaurant und Bar.

⚠162 [bf] **Camping Pian del Grisa,** Via Contovello 226, Tel. 040 213142, www.piandelgrisa.it. **Romantik im Karst:** in einem Pinienhain gelegener Campingplatz mit schattigen Stellplätzen. Es können auch Wohnwagen gemietet werden.

Verkehrsmittel

Bus

Trieste Trasporti heißt der Kommunalbetrieb, der das dichte Busnetz der Stadt betreibt, mit dem man nicht nur im Zentrum, sondern auch im Karst sehr mobil ist. Unter www.triestetrasporti.it kann man Fahrpläne herunterladen, Auskünfte über Routen und Zeiten gibt es auch unter 0800016675.

Tickets kauft man nicht im Bus, sondern in den zugelassenen Verkaufsstellen: Das sind viele Tabakwarenläden *(tabacchi),* Zeitungskioske oder Bars. Seit Kurzem kann man die Tickets auch online auf www.triestetrasporti.it oder per App (s. S. 117) kaufen. Die Einzeltickets kosten je nach Gültigkeitsdauer (60 oder 75 Minuten) zwischen 1,30 und 1,55 €. Es gibt auch Tageskarten für 4,35 €, mit denen man alle Verkehrsmittel (außer den Schiffen) benutzen kann. Zahlt man auf die FVG Card (s. S. 116) 3, 4 oder 6 Euro drauf, bekommt man Tickets für das Busnetz für 48 oder 72 Stunden bzw. 1 Woche.

Fahrplanauskünfte

- Fahrpläne der städtischen Linienbusse: www.triestetrasporti.it
- Fahrpläne der Überlandbusse: www.aptgorizia.it
- Zugfahrpläne: www.trenitalia.it

Linienschiffe

Im Sommer verkehrt eine Reihe von **Linienschiffen.** Die Tickets können an Bord gekauft werden.

- **APT,** Linea Marittima Triest – Grado (im Sommer): www.aptgorizia.it/code/13853/Linea-Marittima
- **Delfino Verde** mit Linien nach Muggia, Monfalcone, Grado: www.delfinoverde.it
- **Triestelines** mit Verbindungen nach Istrien (im Sommer: Piran, Rovin, Pula): www.triestelines.it
- **Triestetrasporti** von Triest nach Muggia (das ganze Jahr über) oder nach Barcola, Grignano und Sistiana (im Sommer): http://www.triestetrasporti.it/index.php?servizi-marittimi

053tr-dr©Acrogame

054tr-ac©Anja Cop/Bildarchiv TurismoFVG

Taxi

- **Radiotaxi:** https://radiotaxitrieste.it, Tel. 040307730
- **TaxiCar:** www.taxicarfvg.it, Tel. 33513730000
- **Top Rent NCC:** Tel. 3463152114

Wetter und Reisezeit

Die beliebteste Reisezeit für Triest liegt zwischen **April und Oktober,** in der man in aller Regel mit gutem Wetter rechnen kann. Jede Jahreszeit hat ihre interessanten Seiten. Wer Wert darauf legt, den Stadt- mit einem Badeurlaub zu kombinieren, ist von Juni bis September gut in Triest aufgehoben, wobei es im Hochsommer manchmal sehr heiß wird. **Ab November** kann es in Triest durchaus stürmische und verregnete Tage geben, im Winter kann es dank der kalten Bora (s. S. 39) frostig werden und man muss gelegentlich sogar mit Schnee rechnen. Warm angezogen sind Spaziergänge am Meer und durch die belebte Stadt aber auch in dieser Jahreszeit ein ganz besonderes Erlebnis.

Der als Bora bezeichnete Sturmwind mit seinen bis zu 200 Stundenkilometern kann das Leben in der Stadt ganz schön durcheinanderwirbeln

Durchschnitt	Wetter in Triest											
Maximale Temperatur	7°	9°	12°	17°	22°	25°	28°	27°	24°	18°	13°	8°
Minimale Temperatur	3°	4°	6°	10°	14°	18°	20°	20°	17°	13°	8°	4°
Regentage	8	7	8	9	9	9	7	7	7	8	9	8
	Jan	Febr	März	Apr	Mai	Juni	Juli	Aug	Sept	Okt	Nov	Dez

ANHANG

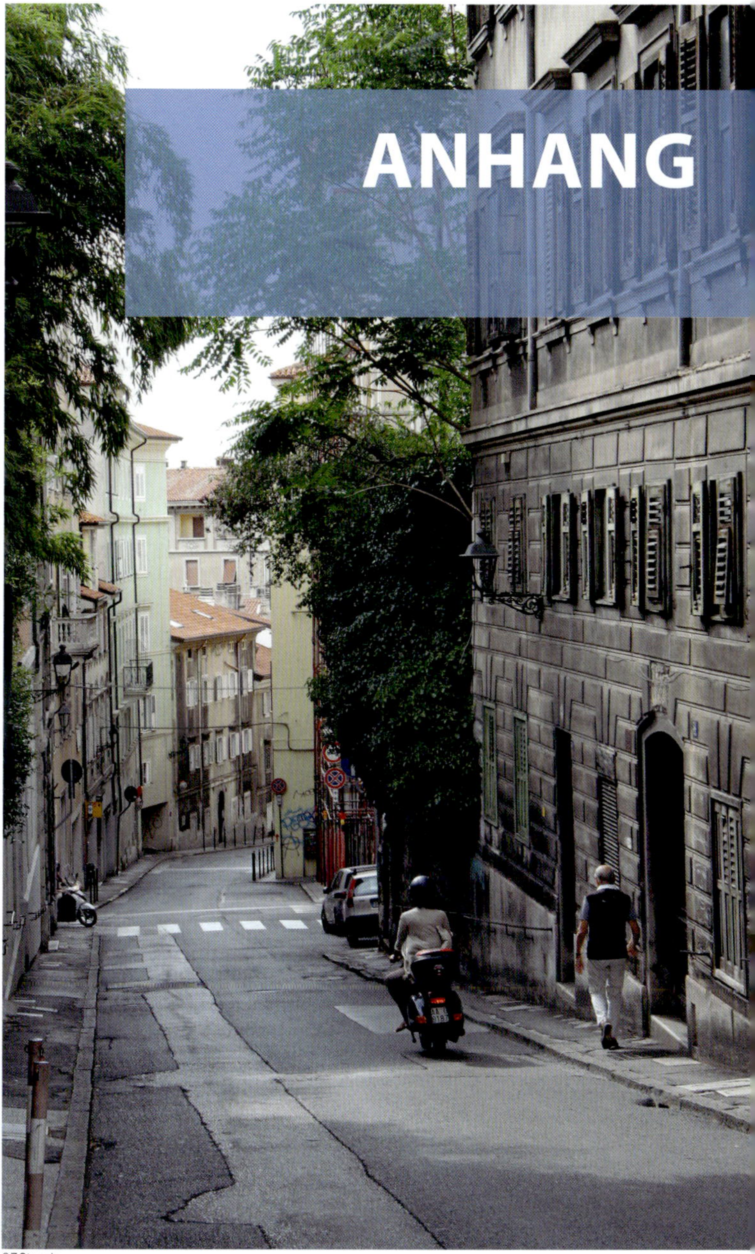

076tr-mb

Kleine Sprachhilfe Italienisch

Die Sprachhilfe entstammt den Kauderwelsch-Sprachführern **„Italienisch – Wort für Wort"** und **„Italienisch kulinarisch"** aus dem Reise Know-How Verlag.

Aussprache

Hier sind diejenigen Buchstaben(-kombinationen) aufgeführt, deren Aussprache abweichend vom Deutschen ist bzw. sein kann.

ie, ai, eu	Doppellaute werden immer getrennt ausgesprochen, also „i-e", „a-i", „e-u".
c	wie „k" vor den Selbstlauten a, o, u; wie „tsch" in „Matsch" vor den Selbstlauten e, i
ch	wie „k"
g	wie „g" vor den Selbstlauten a, o, u; wie „dsch" in „Dschungel" vor den Selbstlauten e, i
gh	wie „g"
gli	wie „lj"
gn	wie „nj" in „Tanja"
h	stumm, wird nicht gesprochen
r	gerolltes Zungenspitzen-r
s	am Wortanfang immer stimmloses „s" wie in „Bus"; in der Wortmitte zwischen Selbstlauten stimmhaftes „s" wie in „Rose"
st	spitzes „st" wie in „Hast"
v	wie „v" in „Vase"
z	stimmhaftes „ds" wie in „Rundsaal"

Zahlen

0	*zero*
1	*uno*
2	*due*
3	*tre*
4	*quattro*
5	*cinque*
6	*sei*
7	*sette*
8	*otto*
9	*nove*
10	*dieci*
11	*undici*
12	*dodici*
13	*tredici*
14	*quattordici*
15	*quindici*
16	*sedici*
17	*diciassette*
18	*diciotto*
19	*diciannove*
20	*venti*
21	*ventuno*
22	*ventidue*
23	*ventitré*
24	*ventiquattro*
25	*venticinque*
26	*ventisei*
27	*ventisette*
28	*ventotto*
29	*ventinove*
30	*trenta*
40	*quaranta*
50	*cinquanta*
60	*sessanta*
70	*settanta*
80	*ottanta*
90	*novanta*
100	*cento*
200	*duecento*
300	*trecento*
400	*quattrocento*
500	*cinquecento*
600	*seicento*
700	*settecento*
800	*ottocento*
900	*novecento*
1000	*mille*
2000	*duemila*

Die wichtigsten Richtungsangaben

(a) sinistra	(nach) links
(a) destra	(nach) rechts
diritto	geradeaus
indietro	zurück
vicino	nah
lontano	weit

+++ Die wichtigsten Wörter mit dem Bonus-Audiotrack des Kauderwelsch-

qui, qua	hier	*all'angolo*	an der Ecke
lì, là	dort	*all'incrocio*	an der Kreuzung
accanto	nebenan	*al semaforo*	an der Ampel
di fronte	gegenüber	*in centro*	im Zentrum
davanti	vor, vorne	*fuori città*	außerhalb der Stadt

Die wichtigsten Fragewörter

chi?	wer?	*quando?*	wann?
che (cosa)?	was?	*perchè?*	warum?
come?	wie?	*quanto?*	wie viel?
dove?	wo(hin)?	*quanti/-e?*	wie viele?
di/da dove?	woher?	*quale?*	welche(r)?

Die wichtigsten Zeitangaben

oggi	heute	*(più) tardi*	spät(er)
domani	morgen	*di mattina*	morgens
dopodomani	übermorgen	*a mezzogiorno*	mittags
ieri	gestern	*di sera*	abends
l'altro ieri	vorgestern	*di notte*	nachts
adesso, ora	jetzt	*lunedì*	Montag
subito	sofort	*martedì*	Dienstag
fra poco	bald	*mercoledì*	Mittwoch
sempre	immer	*giovedì*	Donnerstag
prima	vorher	*venerdì*	Freitag
dopo	nachher	*sabato*	Samstag
(più) presto	früh(er)	*domenica*	Sonntag

Die wichtigsten Fragen

Gibt es ...?	*C'è ...?*
Ich brauche ...	*Ho bisogno di ...*
Ich möchte / Ich will ...	*Vorrei ... / Voglio ...*
Geben Sie mir bitte ...	*Mi dia ..., per favore.*
Wo kann man ... kaufen?	*Dove si può comprare ...?*
Wieviel kostet ...?	*Quanto costa / viene ...?*
Wieviel kostet das?	*Quanto costa?*
Was ist das?	*Che cosa è questo?*
Wo ist / befindet sich ...?	*Dov'è ...?*
Ich möchte nach ... fahren	*Vorrei andare a ...*
Wie komme ich nach ...?	*Come faccio ad andare a ...?*
Wieviel kostet die Fahrt nach ...?	*Quanto costa il viaggio per ...?*
Ist das der Zug nach ...?	*È questo il treno per ...?*
Wann fährt der Bus nach ... ab?	*A che ora parte l'autobus per ...?*
Bringen Sie mich bitte zu / nach ... (im Taxi)	*Mi porti a ..., per favore.*

Die wichtigsten Floskeln und Redewendungen

ja – nein	*sì – no*
bitte (um etw. bitten)	*per favore*
Bitteschön! (anbieten)	*Prego!*
(Vielen) Dank!	*Grazie (tanto)!*
Keine Ursache!	*Di niente! / Non c'è di che!*
Guten Morgen / Tag!	*Buongiorno!*
Guten Abend!	*Buona sera!*
Herzlich willkommen!	*Benvenuto!/Benvenuta!*
Wie geht es dir / Ihnen?	*Come stai / sta?*
(Sehr) gut. – Schlecht.	*(Molto) bene. – Male.*
Auf Wiedersehen! (du/Sie)	*Arrivederci! / ArrivederLa!*
Hallo!, Tschüss!	*Ciao!*
Bis später! / Bis morgen!	*A più tardi! / A domani!*
In Ordnung!	*Va bene!, D'accordo!*
Ich weiß (es) nicht.	*Non (lo) so.*
Guten Appetit!	*Buon appetito!*
Zum Wohl!, Prost!	*Salute!, Cin cin!*
Die Rechnung, bitte!	*Il conto, per favore!*
Entschuldige/n Sie!	*Scusa! / Scusi!*
Es tut mir leid!	*Mi dispiace.*
Gestatten!, Darf ich?	*Permesso?*
(Sehr) gern!	*(Molto) volentieri!*
Sag / sagen Sie mir!	*Dimmi! / Mi dica!*
Helfen Sie mir bitte!	*Mi aiuti, per favore!*
Hilfe!	*Aiuto!*

Nichts verstanden? – Weiterlernen!

Ich spreche nicht gut Italienisch.	*Non parlo bene l'italiano.*
Ich möchte Italienisch lernen.	*Vorrei imparare l'italiano.*
Wie bitte?	*Come?*
Was haben Sie gesagt?	*Come ha detto?*
Ich habe nicht verstanden!	*Non ho capito!*
Sprechen Sie Englisch?	*Parla l'inglese?*
Wie sagt man auf Italienisch?	*Come si dice in italiano?*
... auf Deutsch	*... in tedesco*
... auf Englisch	*... in inglese*
... auf Französisch	*... in francese*
... auf Niederländisch	*... in olandese*
Wie spricht man dieses Wort aus?	*Come si pronuncia questa parola?*
Wiederholen Sie bitte!	*Ripeta, per favore!*
Können Sie bitte langsamer sprechen?	*Può parlare più lentamente, per favore?*
Können Sie mir das bitte aufschreiben?	*Me lo può scrivere, per favore?*

Können wir bitte die Speisekarte/ Getränkekarte haben?	*Possiamo avere il menù/la lista delle bevande, per favore?*
Wir möchten bitte bestellen.	*Vorremmo ordinare.*
Was können Sie uns empfehlen?	*Cosa ci consiglia?*
Was ist das Tagesgericht?	*Cos'è il piatto del giorno?*
Was sind die Spezialitäten der Gegend?	*Quali sono le specialità della regione?*
Ich nehme als Vorspeise/ersten Gang/ zweiten Gang ...	*Prendo come antipasto/primo piatto/ secondo piatto ...*
Die Rechnung, bitte.	*Il conto, per favore.*
Stimmt so, danke.	*Va bene così, grazie.*

Die wichtigsten Einkaufsfloskeln

Ich suche ...	*Cerco ...*
Haben Sie ...?	*Ha ...?*
Wo kann ich ... finden?	*Dove posso trovare ...?*
Gibt es hier einen Markt?	*C'è un mercato qui?*
Wo ist der nächste Supermarkt?	*Dov'è il supermercato più vicino?*
Könnten Sie mir bitte helfen?	*Mi potrebbe aiutare, per cortesia?*
Ich hätte gern ...	*Vorrei ...*
Geben Sie mir bitte ...	*Mi dà ..., per favore.*
Wie viel kostet das?	*Quanto costa?*
Wie viel kostet das Kilo?	*Quanto costa al chilo?*
Etwas weniger/mehr, bitte.	*Un po' di meno/più, per favore.*
Danke, das genügt.	*Basta così, grazie.*
Danke, das ist alles.	*Grazie, è tutto.*
Um wie viel Uhr öffnen/schließen Sie?	*A che ora apre/chiude?*

Die wichtigsten Begriffe im Restaurant

menù	Speisekarte	*antipasto*	Vorspeise
primo	erster Gang	*secondo*	zweiter Gang
dessert (m)	Nachspeise	*porzione (w)*	Portion
piatto del giorno	Tagesgericht	*lista delle bevande*	Getränkekarte
piatto	Teller	*tazza*	Tasse
vino	Wein	*birra*	Bier
acqua	Wasser	*pane (m)*	Brot
bottiglia	Flasche	*bicchiere (m)*	Glas
coperto	Gedeck	*posate*	Besteck
forchetta	Gabel	*coltello*	Messer
cucchiaio	Löffel	*minestra*	Suppe
carne (w)	Fleisch	*pesce (m)*	Fisch
frutta	Obst	*verdura*	Gemüse
contorno	Beilage	*insalata*	Salat

Register

Schreiben Sie uns

Dieses Buch ist gespickt mit Adressen, Preisen, Tipps und Daten. Unsere Autoren recherchieren unentwegt und erstellen alle zwei Jahre eine komplette Aktualisierung, aber auf die Mithilfe von Reisenden können sie nicht verzichten. Darum: Teilen Sie uns bitte mit, was sich geändert hat oder was Sie neu entdeckt haben. Gut verwertbare Informationen belohnt der Verlag mit einem Sprachführer Ihrer Wahl aus der Reihe „Kauderwelsch“.

Kommentare übermitteln Sie am einfachsten, indem Sie die Web-App zum Buch aufrufen (siehe Umschlag hinten) und die Kommentarfunktion bei den einzelnen auf der Karte angezeigten Örtlichkeiten oder den Link zu generellen Kommentaren nutzen. Wenn sich Ihre Informationen auf eine konkrete Stelle im Buch beziehen, würde die Seitenangabe uns die Arbeit sehr erleichtern. Unsere Kontaktdaten entnehmen Sie bitte dem Impressum (s. S. 138).

Die Autoren

Roland Bettschart (Jahrgang 1955), in Triest geborener Schweizer, Nachfahre eines Habsburger Vizestatthalters von Triest und eines auf Hafenanlagen spezialisierten Schweizer Bauunternehmers. Früher Reiseleiter und Journalist, heute als Kommunikations- und Strategieberater in Wien tätig. Mehrmals im Jahr zieht es ihn in seine Geburtsstadt und seine Wohnung in Grignano, nahe dem Schloss Miramare.

Birgit Kofler (Jahrgang 1965), Juristin, ehemals bei der UNESCO in Paris und als Diplomatin in Wien, New York und während des Kriegs im ehemaligen Jugoslawien im Einsatz. Heute ist sie als Autorin, Kommunikationsberaterin und Verlegerin in Wien und Berlin tätig und schätzt den Golf von Triest ebenso sehr als Refugium wie die heimatlichen Tiroler Berge.

Danksagung

Diesen Stadtführer widmen die Autoren Liselotte Altmann, die in vielfältiger Weise zu seinem Entstehen beigetragen hat, und Günter Kofler, der nach Triest seine letzte Reise tat. Und nicht zuletzt auch all den entfernten Vorfahren, ohne die Triest für uns bloß irgendeine schöne Stadt am Meer wäre. Unser Dank für Tipps und Hinweise gilt Peter C. Bettschart und allen unseren Triestiner Freunden, ganz besonders Alessandro Rosada.

Impressum

Birgit Kofler, Roland Bettschart

CityTrip Triest

3., neu bearbeitete und aktualisierte Auflage 2019

ISBN 978-3-8317-3296-8

Druck und Bindung:
mediaprint solutions GmbH, Paderborn

Herausgeber: Klaus Werner
Layout: amundo media GmbH (Umschlag, Inhalt), Peter Rump (Umschlag)
Lektorat: amundo media GmbH
Karten: Ingenieurbüro B. Spachmüller, amundo media GmbH
Anzeigenvertrieb: KV Kommunalverlag GmbH & Co. KG, Alte Landstraße 23, 85521 Ottobrunn, Tel. 089 928096-0, info@kommunal-verlag.de
Kontakt: Osnabrücker Str. 79, 33649 Bielefeld, info@reise-know-how.de

---

Bildnachweis

Umschlagvorderseite: stock.adobe.com©xbrchx | Umschlagklappe rechts: Maurizio Valdemarin/Bildarchiv TurismoFVG
Soweit ihre Namen nicht vollständig am Bild vermerkt sind, stehen die Kürzel an den Abbildungen für die folgenden Fotografen, Firmen und Einrichtungen. Birgit Kofler: bk | Nicholas Bettschart: nb | Ruth Zeillinger (www.rzpr.at): RZPR | Stefan Piskaty: sp | Anja Cop/Bildarchiv TurismoFVG: ac | Maurizio Valdemarin/Bildarchiv TurismoFVG: mv | Fabrice Gallina/Bildarchiv TurismoFVG: fg | Markus Bingel: mb | fotolia.com by adobe: fo | dreamstime.com: dr | stock.adobe.com: as

Liste der Karteneinträge

Hier nicht aufgeführte Nummern liegen außerhalb der abgebildeten Karten. Ihre Lage kann aber wie die von allen Ortsmarken im Buch mithilfe der Web-App angezeigt werden (siehe rechts).

Triest mit PC, Smartphone & Co.

QR-Code auf dem Umschlag scannen oder **www.reise-know-how.de/citytrip/triest19** eingeben und die **kostenlose Web-App** aufrufen (Internetverbindung zur Nutzung nötig)!

★**Anzeige der Lage und Satellitenansicht aller** beschriebenen Sehenswürdigkeiten und weiteren Orte
★**Routenführung** vom aktuellen Standort zum gewünschten Ziel
★**Exakter Verlauf** des empfohlenen Stadtspaziergangs
★**Audiotrainer** der wichtigsten Wörter und Redewendungen
★**Updates** nach Redaktionsschluss

GPS-Daten zum Download

Die KML-Daten aller Ortsmarken können hier geladen werden: www.reise-know-how.de, dann das Buch aufrufen und zur Rubrik „Datenservice" scrollen.

Stadtplan für mobile Geräte

Um den Stadtplan auf Smartphones und Tablets nutzen zu können, empfehlen wir die App „Avenza Maps" der Firma Avenza™. Der Stadtplan wird aus der App heraus geladen und kann dann mit vielen Zusatzfunktionen genutzt werden.

Die Web-App und der Zugriff auf diese über QR-Codes sind eine freiwillige, kostenlose Zusatzleistung des Verlages. Der Verlag behält sich vor, die Bereitstellung des Angebotes und die Möglichkeit der Nutzung zeitlich und inhaltlich zu beschränken. Der Verlag übernimmt keine Garantie für das Funktionieren der Seiten und keine Haftung für Schäden, die aus dem Gebrauch der Seiten resultieren. Es besteht ferner kein Anspruch auf eine unbefristete Bereitstellung der Seiten.

Zeichenerklärung

- Hauptsehenswürdigkeit
- Bar, Klub, Treffpunkt
- Bibliothek
- Biergarten, Pub, Kneipe
- Café
- Denkmal
- Fischrestaurant
- Galerie
- Geschäft, Kaufhaus, Markt
- Hotel, Unterkunft
- Imbiss, Bistro
- Informationsstelle
- Jugendherberge, Hostel
- Kirche
- Krankenhaus, Arzt
- Leuchtturm
- Museum
- Musikszene, Disco
- Parkplatz
- Pension, Bed & Breakfast
- Polizei
- Post
- Restaurant
- ★ Sehenswürdigkeit
- Sport-/Spieleinrichtung
- Sonstiges
- Synagoge
- Theater
- Weinlokal
- Zeltplatz, Camping
- Halt Tram di Opicina (zurzeit außer Betrieb)

- Shoppingareal
- Gastro- und Nightlife-Areal
- Stadtspaziergang (s. S. 14)

- ★★★ nicht verpassen
- ★★ besonders sehenswert
- ★ wichtig für speziell interessierte Besucher

Diesem CityTrip-Band wurde hier ein herausnehmbarer Faltplan beigefügt. Sollte er beim Erwerb des Buches nicht mehr vorhanden sein, fragen Sie bitte bei Ihrem Buchhändler nach.